"十四五"普通高等教育本科部委级规划教材

纺织类非物质文化遗产法律保护

马涛　张俊杰 ◎主编

中国纺织出版社有限公司

内 容 提 要

纺织类非物质文化遗产作为中国传统文化的精髓，不仅是技艺的传承，更重要的是其所承载的文化内涵的延续。加强纺织类非物质文化遗产法律保护，是建设社会主义先进文化和构建社会主义和谐社会的必然要求。本书系统分析了我国非物质文化遗产的基本法律保护体系，并从行政法保护、知识产权法保护、刑法保护等视角对纺织类非物质文化遗产涉及的法律保护问题进行了分析。本书观点全面客观，内容翔实，案例丰富，有利于广大读者系统了解和深入学习，对弘扬传统文化、推动纺织类非物质文化遗产保护工作具有十分积极的作用。

本书可供法律类、文化艺术类、经济管理类等专业学生学习使用，也可为纺织类非物质文化遗产保护领域的实践工作者和理论研究人员提供参考。

图书在版编目（CIP）数据

纺织类非物质文化遗产法律保护 / 马涛，张俊杰主编． -- 北京：中国纺织出版社有限公司，2025.7.
（"十四五"普通高等教育本科部委级规划教材）．
ISBN 978-7-5229-2512-7

Ⅰ．D922.164

中国国家版本馆 CIP 数据核字第 2025NZ4402 号

责任编辑：朱利锋　　责任校对：高 涵　　责任印制：王艳丽

中国纺织出版社有限公司出版发行
地址：北京市朝阳区百子湾东里A407号楼　邮政编码：100124
销售电话：010—67004422　传真：010—87155801
http://www.c-textilep.com
中国纺织出版社天猫旗舰店
官方微博 http://weibo.com/2119887771
天津千鹤文化传播有限公司印刷　各地新华书店经销
2025年7月第1版第1次印刷
开本：787×1092　1/16　印张：6.75
字数：135千字　定价：68.00元

凡购本书，如有缺页、倒页、脱页，由本社图书营销中心调换

前言

党的二十大报告指出，建设社会主义文化强国，增强实现中华民族伟大复兴的精神力量，就要"坚守中华文化立场，提炼展示中华文明的精神标识和文化精髓"；就要提升国家文化软实力，增强中华文明的传播力和影响力。作为传承中华文明的重要载体，非物质文化遗产形成于历史，存活于当代，延续于未来，成为展示中华文明精神标识和文化精髓的重要资源。纺织行业与人民生产生活的关系密切。纺织类非物质文化遗产项目众多，历史悠久、底蕴深厚，是中华优秀传统文化的重要组成部分。这些非物质文化遗产不仅传承了知识和技艺，更传承了文化和精神，为各民族、各地区提供了文化认同、身份认同和情感认同，至今仍散发出独特的魅力，传承、保护与开发这些非物质文化遗产是我们的义务和责任所在。

随着非物质文化遗产保护工作开展的逐步深入，社会各界都认识到，保护非物质文化遗产是一项长期而艰巨的任务，需要法律、科技、行政和财政等各项措施的紧密配合和持续支持。其中，如何对非物质文化遗产进行有效的保护，尤其是立法保护，规范对非物质文化遗产的利用行为是当前国际社会普遍关注的一个课题。

本书以习近平新时代中国特色社会主义思想为指导，深入学习贯彻习近平法治思想和习近平文化思想，在系统、完整地阐述纺织类非物质文化遗产赋存情况的基础上，介绍了我国非物质文化遗产的基本法律保护体系，分析了国外非物质文化遗产保护相关法律，从行政法保护、知识产权法保护、刑法保护三个层面对法律规定和法律条文进行了解读，并通过大量的案例对纺织类非物质文化遗产项目法律保护问题进行了分析。旨在用大历史观的视角，引导学生全方位、多角度感受纺织类非物质文化遗产的魅力，增强做好非物质文化遗产保护工作的责任感和使命感，强化法治思维和法治观念，加强非物质文化遗产系统性保护，推进其合理利用。

本书由天津市非物质文化遗产研究基地——天津工业大学中国纺织非物质文化遗产研究院的马涛、张俊杰、尹艳冰编写，由马涛、张俊杰担任主编。本书是天津市教育科学规划课题（项目编号：CLE220048）的阶段性成果。本书可供法律类、文化艺术类、经济管理类等专业学生学习使用，也可以为纺织类非物质文化遗产保护领域的实践工作者和理论研究人员提供参考。

由于纺织类非物质文化遗产法律保护是一个新领域，加之笔者水平有限，难免出现纰漏，恳请广大读者批评指正，以便将来修正、补充。

编者

2025年3月

目录

第一章　纺织类非物质文化遗产法律保护概述·····················1
　　第一节　非物质文化遗产的概念 ·····························1
　　第二节　纺织类非物质文化遗产 ···························3
　　第三节　纺织类非物质文化遗产的法律保护 ···············7

第二章　非物质文化遗产法律保护的国际立法与实践经验·········11
　　第一节　保护非物质文化遗产公约 ·······················11
　　第二节　国外非物质文化遗产法律保护经验 ···············16

第三章　我国纺织类非物质文化遗产的行政法保护···············21
　　第一节　我国非物质文化遗产法律保护的行政法概述 ·······21
　　第二节　我国非物质文化遗产行政法保护相关法律解读 ·····24
　　第三节　纺织类非物质文化遗产行政法保护典型案例 ·······33

第四章　我国纺织类非物质文化遗产的知识产权法保护···········41
　　第一节　我国非物质文化遗产法律保护的知识产权法概述 ···41
　　第二节　我国非物质文化遗产知识产权法保护相关法律解读 ·42
　　第三节　纺织类非物质文化遗产知识产权法保护典型案例 ···50

第五章　我国纺织类非物质文化遗产的刑法保护···············61
　　第一节　我国非物质文化遗产法律保护的刑法概述 ·········61
　　第二节　我国非物质文化遗产刑法保护相关法律解读 ·······64
　　第三节　纺织类非物质文化遗产刑法保护典型案例 ·········67

参考文献··71

附录一　非物质文化遗产相关法律法规················ 73

国家级非物质文化遗产保护与管理暂行办法·········· 73

国家级非物质文化遗产代表性传承人认定与管理办法·········· 76

保护非物质文化遗产公约··········· 80

保护和促进文化表现形式多样性公约··········· 89

附录二　课程思政教学"三位一体"目标体系················101

第一章 纺织类非物质文化遗产法律保护概述

本章主要介绍了非物质文化遗产的概念、我国纺织类非物质文化遗产概况，阐述了纺织类非物质文化遗产法律保护的意义和基本原则，并对我国非物质文化遗产的法律保护现状进行了概述。

第一节 非物质文化遗产的概念

非物质文化遗产，简称"非遗"，是历史留给人类的宝贵财富。随着社会经济发展和人们的生产生活方式的转变，人们对历史财富的保护产生了新的认知，逐步意识到对非物质形态的历史环境的保护与物质性财富同样重要，于是开始把技术等非物质财富逐渐纳入保护范围。在文化遗产保护的进程中，非物质文化遗产的特殊性和重要性逐渐凸显，因而非物质文化遗产的保护活动开始在全世界范围内广泛开展。

导学视频1

一、联合国教科文组织和我国对非物质文化遗产的界定

联合国教科文组织《保护非物质文化遗产公约》（以下简称《公约》）中所称非物质文化遗产，指被各社区、群体或个人，视为其文化遗产组成部分的各种社会实践、观念表述、表现形式、知识、技能以及相关的工具、实物、手工艺品和文化场所。这种非物质文化遗产被世代相传，在各社区和群体适应周围环境以及与自然和历史的互动中，被不断地再创造，为这些社区和群体提供认同感和持续感，从而增强对文化多样性和人类创造力的尊重。在《公约》中，只考虑符合现有的国际人权文件，各社区、群体和个人之间相互尊重的需要和顺应可持续发展的非物质文化遗产，包括以下方面：

（1）口头传统和表现形式，包括作为非物质文化遗产媒介的语言。

（2）表演艺术。

（3）社会实践、仪式、节庆活动。

（4）有关自然界和宇宙的知识和实践。

（5）传统手工艺。

《中华人民共和国非物质文化遗产法》（以下简称《非遗法》）所称非物质文化遗产，是指各族人民世代相传并视为其文化遗产组成部分的各种传统文化表现形式，以及与传统文化表现形式相关的实物和场所。包括：

（1）传统口头文学以及作为其载体的语言。

（2）传统美术、书法、音乐、舞蹈、戏剧、曲艺和杂技。

（3）传统技艺、医药和历法。

（4）传统礼仪、节庆等民俗。

（5）传统体育和游艺。

（6）其他非物质文化遗产。

国务院办公厅《关于加强我国非物质文化遗产保护工作的意见》中对我国非物质文化遗产的对象范围划定了六大类：

（1）口头传统，包括作为文化载体的语言：主要指在民族民间流传的口传文学、诗歌、神话、故事、传说、谣谚等，以及相关濒危的语言。

（2）传统表演艺术，主要指在民族民间流传的音乐、舞蹈、戏曲等。

（3）民俗活动、礼仪、节庆，主要指反映某一民族或区域习惯风俗的重要礼仪、节日、庆典活动、游艺活动等。

（4）有关自然界和宇宙的民间传统知识和实践，主要是指天文、地理、自然、人文、医药等。

（5）传统手工艺技能，主要指世代相传、技艺精湛、具有鲜明的民族风格和地区特色的传统工艺美术手工技艺，传统生产、制作技艺等。

（6）与上述表现形式相关的文化空间，主要指集中体现或展现某种特定文化传统的区域、场所如文化生态保护区等。

二、非物质文化遗产的基本特征

非物质文化遗产是一种以人为核心的活态文化遗产，强调以人为中心的技艺、经验和精神，其特点在于动态性和非物质性。非物质文化遗产更注重那些不依赖物质形态而存在的品质，具有以下基本特征。

（1）非物质性。非物质性是非物质文化遗产的根本特性，其存在形态与物质文化遗产完全不同。非物质文化遗产是无形的、非物质的，这是其与物质文化遗产的根本区别所在。

（2）活态性。非物质文化遗产具有变化性，说明其为一种活态文化。这种活态性在口头传说、语言表述、表演艺术、社会风俗、礼仪、节庆以及传统工艺技能等方面表现得尤为突出。非物质文化遗产通过人的活动来表现和传达，其传说、表述、表演者和传统工艺技能的操作者是活态文化创造的主体，处于文化传承的核心位置。

（3）地域性。非物质文化遗产具有显著的地域特色。不同地域的文化背景和价值观决定了其非物质文化遗产的内容和精神追求的差异。即使是相同的非物质文化遗产项目，在不同地域也会表现出不同的特点。

（4）可接受性。可接受性是指非物质文化遗产能够被社区、群体和个人接受。非物质文化遗产是由特定的社区、群体或个人创造的，是对自然界认知和情感的表达形式，只有当这些表达和实践能够得到社区成员的认可，引起情感共鸣和文化价值认同时，才能成为真正的文化财产。如果非物质文化遗产缺乏可接受性，其文化创造将无法得到认可，势必失去生命力和传承性。

三、物质文化遗产与非物质文化遗产的关系

物质文化遗产与非物质文化遗产的关系表现在以下三个方面：

（1）物质文化遗产与非物质文化遗产共同构成了文化遗产的整体。相比于物质文化遗产，非物质文化遗产更加注重以人为载体的知识与技能的传承。作为一种以人为主线的活态遗产，非物质文化遗产强调技能、技术和知识的延续，蕴含着特有的精神价值、思维方式、想象力和文化意识。

（2）物质文化遗产与非物质文化遗产是相互依存、相互作用的。非物质文化推动了物质文化的发展，而物质文化中也融入了非物质文化的元素，两者相辅相成、密不可分。尽管理论上可以将文化遗产分为物质和非物质两类，但在实际操作中，它们往往交织在一起。保护非物质文化遗产时，忽视物质文化遗产是不可想象的。

（3）物质文化遗产与非物质文化遗产共同承载着人类社会的文明，体现了世界文化的多样性。非物质文化遗产包含的民族独特精神价值、思维方式、想象力和文化意识，是维护文化身份和文化主权的基本依据。对于一个地区或国家而言，物质文化遗产与非物质文化遗产共同构成了文化的整体形态。

第二节　纺织类非物质文化遗产

中国是世界上最早生产纺织品的国家之一。中国纺织类非物质文化遗产体现了中华民族的悠久历史和灿烂文明，是世界文化遗产的重要组成部分。传承和保护好纺织类非物质文化遗产，意味着传承和保护历史，具有极其重要的价值。本节主要介绍纺织类非物质文化遗产的含义和价值。

一、纺织类非物质文化遗产的含义

纺织类非物质文化遗产（以下简称"纺织非遗"），是指那些在纺织领域中，由人类世代相传并被视为文化遗产组成部分的各种实践、表演、表现形式、知识和技能，以及与其相关的工具、物品、工艺品和文化空间。这些遗产不仅包括具体的纺织技艺，还包括与之相关的文化表达和社会活动。

二、纺织类非物质文化遗产的价值

纺织非遗的价值可以分为基础价值、遗产性价值和衍生价值三类。其中，基础价值指的是非遗的实用价值；遗产性价值主要包括历史价值、艺术价值、科技价值和精神价值；衍生价值主要包括社会价值和经济价值。

（一）实用价值

实用价值是纺织非遗能穿能用的基本属性，是商品使用价值的基础，也是消费者发生消费行为的首选因素。纺织非遗、纺织技术当时的创造者、使用者绝不是为今日"遗产"的目的制作产品，而只是为了自身的实用性，是源于生存、生活的需要，并在生产、生活过程中逐渐发展成熟的产物。实用价值是纺织非遗的本质属性，如土布可以做服饰和床上用品，衣服可以穿，具有御寒保暖功能等。比如黎锦，通过轧棉、弹棉、纺线、染色、理经、织布、刺绣等环节，最后生产出色彩斑斓的被、单、筒裙、花带等成品。正是纺织非遗普遍具有"为生活而艺术"的实用价值，才得以生生不息，具有永不衰竭的活力。

（二）遗产性价值

1. 历史价值

历史价值是纺织非遗携带的信息，这些信息有助于人们理解过去社会的政治、思想、文化等各个方面。非遗产生于某一特定历史时期，经过世代相传，它包含着丰富的历史文化信息，这些信息能够帮助我们认识一个群体或者一个地区的历史概貌，了解文化的起源、发展历程，有利于我们了解某一历史时期人、文化、自然之间的相互关系。作为历史见证者，信息量越丰富的纺织非遗的历史价值越高。

不少纺织非遗以其源于民间、口传心授的活态存在形式，凭借独特的图案和纹样，有效弥补了文物、史志等文字史料的不足，有助于人们更真实、全面地了解已逝的历史文化。尤其是苗族、布依族、侗族、白族、哈尼族、瑶族、黎族、土家族、水族、羌族、鄂伦春族、赫哲族等没有文字的少数民族，他们代代传承下来的纺织非遗具有十分独特的文献特性，具有很高的考证价值。

2. 艺术价值

艺术价值是非遗在工艺、构图、色彩、纹样、风格、蕴意、精神等方面给予人情绪上或艺术上的感染力、审美、愉悦方面的价值。纺织非遗由于在生产过程中讲究设计式样、图案蕴意、搭配色彩等，也具有程度不一的艺术价值。纺织非遗的艺术价值主要表现为以下两方面。

一是审美价值。一个民族的织染绣技艺和纹样是以民族的审美意识为基础确定和发展起来的，展示了一个民族的审美情趣和艺术创造力。例如，将绘画与刺绣完美结合的乱针绣，其审美效果不仅有素描、油画的逼真感，还有工艺作业带来的针法肌理和材料质感，犹如绘画的笔触和油彩。又如传统扎染，是对织物进行扎、缝、缚、缀、夹等多种形式组合后，用天然植物或矿物染料进行染色，这种不规则的浸染效果具有独特的艺术魅力，是机械印染工艺难以达到与仿制的。

二是民族文化蕴意。传承至今的纺织非遗都是经过历史筛选的、凝聚着优秀民族历史文化的瑰宝。那些越具有民族文化代表性、越能够体现中华民族鲜明特色的非遗，其价值越高。例如，中国传统文化喜欢"引类譬喻""托事于物"的表达方式，由此形成文化象征和文化符号。纺织非遗图案、色彩和纹样并非凭空产生，它们承载着不同的象征符号。例如，白族扎染中的双鱼游莲和蝴蝶纹样分别象征着甜蜜的爱情和人们对幸福美满生活的向往。苗族崇拜"蝴蝶妈妈"，因而蝴蝶纹样在苗族服饰里出现的频率非常高，并且在日常生活中苗族不允许打杀蝴蝶。除了图案纹样，颜色的偏好也有不同的情感寄托，如南通色织土布中，蓝黄格子交织的纹样是对太平盛世的向往；蓝白二色搭配寓意天上人间共欢；红黄色是人丁兴旺、日子红火的象征，这体现了南通色织土布作为女儿新婚嫁妆的民俗观念。

3. 科技价值

科技价值是指纺织非遗生产过程中所体现的生产力、科学技术水平、创造力等。纺织非遗是对历史上不同时代生产力发展状况、科学技术发展程度、人类创造能力和认识水平的原生态的保留和反映，是后人获取纺织科技历史资料、掌握科技信息的基本来源之一。纺织非遗的科技价值体现了历史上不同时代、不同地域、不同民族的生产力发展状况、科学技术发展程度、人与自然的关系以及人的创造能力和认知水平。

4. 精神价值

精神价值是纺织非遗作为文化符号蕴藏的、在长期生活习俗中积淀而成的积极向上的、具有凝聚力及号召力的民族意识和民族精神。非遗代表了民族普遍的心理认同和基因传承，以及民族智慧和民族精神，在唤醒民族意识、激发民族自豪感、振奋民族精神、传承民族文化、凝聚民族力量、鼓舞民族进步和发展等方面具有突出的价值和作用。非遗是以人和人的精神活动为载体的，体现了人的精神要素和创造力价值，传承了人的生活态度和文化精神。

（三）衍生价值

纺织非遗在其传承利用过程中衍生出来的主要价值包括社会价值和经济价值。

1. 社会价值

社会价值是指纺织非遗在促进社会发展方面具有的物质性和精神性的价值，主要包括社会和谐、教育价值和研究价值。

（1）社会和谐。纺织非遗可以促进群体的价值认同，尤其是具有群体传承特点的非遗项目会促进民族团结与社会和谐，在维持社会秩序、助力和促进社会群体团结稳定、增强国家认同和深化文化交流等方面具有重要作用。

（2）教育价值。纺织非遗中包含着适应于当地自然环境、生产、生活方式的传统技艺、技术、技能等科学知识等，还蕴含着丰富的自然、历史、文化以及艺术知识，这些知识中能够服务于当代生活的部分可以以知识传授和体验活动等多种途径通过个体教育、学校教育和社会教育传承给下一代。

（3）研究价值。纺织非遗具有的科学知识、技术工艺、反映的民俗文化等因素，为研究古代纺织科技发展、民族文化等提供了重要的史料依据。

2. 经济价值

经济价值主要是指一些纺织非遗可以在保护的基础上，合理利用其蕴含的经济因素，开发具有民族特色和市场潜力的文化产品和文化服务而带来的经济效益，实现"文化资源"的利用和向"文化资本"的转换。

（1）产品经济价值。许多纺织非遗在长期的生产实践中不断被改进和发展，如传统丝织技艺、蓝印花布、蜡染技艺、鲁锦等，其产品、商标、品牌等具有经济价值，尤其是有些纺织非遗实行生产性保护，在现代市场经济中产生了可观的经济效益。有些纺织非遗适宜进行产业化开发，在产业链上、下游延伸，开发出服饰、装饰、鞋帽、箱包、家纺以及工艺品等系列产品，不仅为社会提供了更多的就业、创业机会，还具有宣传普及传统文化、拉动文化消费等社会经济功能。

（2）服务经济价值。在保护好非遗资源的前提下，可以将纺织非遗进行产业链的横向延伸，通过联合开发旅游业、展览业、演艺业等把纺织非遗的文化资源转化为服务资源，充分发挥其经济价值。

三、我国纺织类非物质文化遗产概况

纺织类非物质文化遗产以中华民族世代相传的手工技艺为主，是凝结着民族智慧的历史和文化载体，是传统文化的重要组成部分，承载着纺织行业、纺织人最广泛的、最深切的情感与生活。新时代，在传承本土文化、构筑和谐社会、推动经济发展等方面，纺织类非物质文化遗产展现出了独特价值和无穷魅力，并呈现出新的时代特征。根据非物质文化遗产普查结果统计，我国共有非物质文化遗产资源87万余项，而纺织类非物质文化遗产是中国传统手工技艺中涉及门类最多、覆盖面最广、品种最丰富的一类，具有鲜明的地方和民族特色。

截至2023年底，我国已经公布五批国家级非物质文化遗产代表性项目名录，其中纺织类国家级非物质文化遗产代表性共有237项。这些项目主要分布在国家级非物质文化遗产代表性项目名录中的传统美术、传统技艺及民俗三大类别，覆盖了31个省（自治区、直辖市）。纺织非遗的主体表现形式可以分为以下几类。

（1）刺绣技艺：包括苏绣、湘绣、蜀绣、粤绣以及少数民族刺绣等，这些技艺不仅在江苏、湖南、四川、广东等省份有着悠久的历史，也在许多少数民族地区得到了传承和发展。

（2）织造技艺：如蚕丝织造、棉麻织造、云锦织造等，这些技艺在江苏、浙江、四川等地区尤为著名。

（3）印染技艺：包括蓝印花布、少数民族蜡染、扎染等，这些技艺在江苏、云南、贵州等地区有着深厚的文化底蕴。

（4）服饰技艺：如蒙古族、苗族等少数民族服饰以及内联升千层底布鞋制作技艺等。

其他如壮族的壮锦、白族的扎染、维吾尔族的艾德莱斯绸等，都是各少数民族地区特有的纺织类非物质文化遗产。

其中，我国的蚕桑丝织技艺、南京云锦织造技艺、黎族传统纺染织绣技艺3个项目与日本的传统染织技艺、印度的莫卧儿刺绣、波斯地毯编织技艺、法国的里昂丝绸等技艺被联合国教科文组织列入世界非物质文化遗产名录。

同时，在2018年文化和旅游部、工业和信息化部联合发布的《第一批国家传统工艺振兴目录》中，全国共计383个传统工艺项目入选，而被列入目录的纺织服饰类传统工艺多达104项，其中纺染织绣类项目81项，服饰制作类项目23项。

第三节　纺织类非物质文化遗产的法律保护

一、纺织类非物质文化遗产法律保护的意义

在全球化背景下，文化多样性面临着前所未有的挑战，许多纺织类非物质文化遗产受到现代文化的冲击，有的甚至面临消失的风险。通过法律手段保护纺织非遗，可以有效地维护这些文化的独特性和丰富性，为后代留下宝贵的文化遗产。

导学视频2

（一）维护纺织方面文化的多样性

文化多样性是社会进步和人类发展的重要动力。纺织非遗作为文化多样性的重要组成部分，记录着人类社会的历史变迁和文化发展。在全球化的浪潮中，许多传统文化面临着被边缘化甚至消失的风险。法律保护的首要意义在于维护这些文化的独特性和多样性，防止它们被同质化的文化潮流淹没。通过法律手段保护纺织非遗，可以确保不同文化之间平等对话和交流，促进全球文化的繁荣发展。

（二）保障纺织文化传承

非遗的传承是文化生命力的延续。传承人作为非遗的活体载体，通过口传心授的方式，将纺织非遗技艺等文化形式代代相传。然而，在现代社会快速发展的背景下，许多非遗面临着传承断层的危机。法律保护可以为传承人提供必要的支持和保障，确保他们能够无后顾之忧地开展文化传承活动。此外，法律还可以规定传承人的权利和义务，鼓励年轻一代参与非遗的学习和传承，从而保障非遗的生命力。

（三）促进社会和谐与可持续发展

非遗与社区的和谐发展密切相关。它们不仅是民族认同和团结的象征，也是促进社会和谐与稳定的重要因素。法律保护非遗，可以增强社区成员对自身文化传统的自豪感和归属感，加强社区内部的凝聚力。同时，非遗的保护和传承也能够带动相关文化产业的发展，为社会经济发展提供新的动力，实现文化遗产保护与经济社会发展的良性互动。

（四）保护纺织领域的文化产权

在全球化和信息化的背景下，非遗面临着被商业化、滥用的风险。一些不法商家为了追求经济利益，未经授权使用非遗元素，侵犯了传承人和相关群体的合法权益。法律保护非遗，可以确立其文化产权，防止非遗被非法侵占和滥用。通过法律手段，可以确保非遗的原创性和真实性得到维护，保护传承人和相关群体的经济利益和文化权益。

（五）加强纺织领域的国际文化交流与合作

非遗的法律保护是国际文化交流与合作的重要组成部分。随着全球化的发展，国际文化交流日益频繁，非遗作为各国文化的重要组成部分，在国际文化交流中扮演着越来越重要的角色。通过法律保护非遗，可以提高一个国家在国际文化交流中的话语权和影响力，促进国际文化互鉴和共享。中国在非遗保护方面的努力，如加入联合国教科文组织的《公约》，不仅有助于提升中国在国际文化交流中的地位，也为世界文化遗产的保护做出了贡献。

二、纺织类非物质文化遗产法律保护的原则

纺织非遗的法律保护是一项复杂而重要的任务，它不仅关系到文化的传承和发展，还涉及社会公正、国际合作等多个层面。法律保护不是目的，而是手段。我们的最终目标是通过法律保护，激发非物质文化遗产的内在生命力，使其在现代社会中焕发新的活力。因此，在纺织类非物质文化遗产法律保护中应当遵循以下原则。

（一）尊重原则

尊重原则是非遗法律保护的基石。在保护过程中，必须尊重非遗的文化价值和传承人的权利。法律应当承认并尊重各民族和社区的文化传统，保护非遗的原真性和完整性。同时，法律还应当尊重传承人的意愿和选择，保障他们自主传承和发展非遗的权利。

（二）原真性与完整性原则

原真性与完整性原则强调保护非遗应当保持其原有的文化形态和内涵。在传承和发展非遗的过程中，应当避免外来文化的不当影响，防止非遗的原始面貌被曲解或改变。法律应当采取相应的措施，确保非遗的传统技艺、表现形式和文化意义真实、准确地传承。

（三）可持续发展原则

可持续发展原则强调非遗保护应注重长远发展，使非遗能够适应时代变迁，持续地传承下去。法律应当鼓励创新与传统的结合，支持非遗与现代生活的融合，为非遗的传承和发展创造有利条件。同时，法律还应当考虑到非遗传承人的生活和教育需求，为他们提供必要的支持和帮助。

（四）公众参与原则

公众参与原则强调非遗的保护不仅是政府和传承人的责任，也是整个社会共同的

事业。法律应当鼓励公众参与非遗保护工作，强化公众对非遗价值的认识和理解。通过教育、媒体宣传等手段，增强公众的保护意识，形成全社会共同参与保护的良好氛围。

（五）利益共享原则

利益共享原则要求非遗保护的成果应当惠及所有利益相关者，特别是传承人和相关社区。法律应当确保传承人能够从非遗的保护和发展中获得应有的利益，包括经济利益和文化尊重。同时，法律还应当规定合理的利益分配机制，保障社区和其他利益相关者的权益。

（六）国际合作原则

国际合作原则强调在全球范围内加强非遗保护的合作与交流。由于非遗的跨国性质，单一国家的努力往往难以应对全球化带来的挑战。法律应当鼓励和促进国际信息交流、经验分享和技术合作，共同应对非遗保护的全球性问题。

三、我国非物质文化遗产的法律保护现状

我国历来高度重视非物质文化遗产保护工作。2004年，中国批准加入联合国教科文组织《保护非物质文化遗产公约》，是第6个批准该公约的国家。党的十八大以来，我国的非遗保护工作得到了长足发展，非遗保护水平持续提升，非遗保护机制基本建立，非遗保护在弘扬中华优秀传统文化、促进经济社会高质量发展等方面发挥越来越重要的作用。

1997年，国务院发布《传统工艺美术保护条例》。2005年3月，国务院办公厅印发《关于加强我国非物质文化遗产保护工作的意见》（以下简称《意见》），这是国家行政机关最早就我国非物质文化遗产保护工作发布的权威性指导意见，明确提出了非物质文化遗产保护工作的重要意义、工作目标和指导方针，要求建立国家级和省、市、县级非物质文化遗产代表名录体系，逐步建立比较完备的、具有中国特色的非物质文化遗产保护制度。《意见》同时要求广泛吸纳有关学术研究机构、大专院校、企事业单位、社会团体等各方面力量，共同开展非物质文化遗产工作，充分发挥专家的作用，建立非物质文化遗产的专家咨询机制和检查监督制度。2005年12月22日，国务院发布《关于加强文化遗产保护的通知》（以下简称《通知》），指出，为了进一步加强我国文化遗产保护，继承和弘扬中华优秀传统文化，推动社会主义先进文化建设，国务院决定从2006年起，每年6月的第二个星期六为我国的"文化遗产日"。2006年11月2日，文化部发布《国家级非物质文化遗产保护与管理暂行办法》，指出"为有效保护和传承国家级非物质文化遗产，加强保护工作的管理，特制定本办法"。确定了国家级非物质文化遗产保护的原则，即实行"保护为主、抢救第一、合理利用、传承发展"的方针，坚持真实性和整体性的保护原则。2008年5月14日，文化部发布《国家级非物质文化遗产项目代表性传承人认定与管理暂行办法》，进一步细化传承人制度，从而让我国传承人制度具有可行性，对国家级非物质文化遗产的保护和传承起到积极作用。2011年，

我国颁布了《非遗法》，明确提出立法目的是"继承和弘扬中华民族优秀传统文化，促进社会主义精神文明建设，加强非物质文化遗产保护、保存工作"。这部法律的颁布体现了我国对非物质文化遗产保护的重视，为非物质文化遗产的保护提供了新的依据，谱写了我国非物质文化遗产保护的新篇章。2021年，中共中央办公厅、国务院办公厅印发《关于进一步加强非物质文化遗产保护工作的意见》，明确新时代非遗保护工作的目标和任务。

在地方层面，按照《中华人民共和国立法法》和《非遗法》的规定，31个省（自治区、直辖市）结合本地文化资源，陆续出台制定省级和设区的市级地方性法规以及民族区域自治地方的单行条例，包括非遗代表性项目和代表性传承人认定和管理办法、文化生态保护区管理办法等一系列行政法规。截至2023年6月，各地已颁布有关非遗或民族民间文化保护的省级地方性法规41部，设区的市级地方性法规87部，单行条例81部。

课后习题

（1）简述非物质文化遗产的定义。

（2）简述纺织类非物质文化遗产的价值。

（3）简述我国纺织类非物质文化遗产法律保护的原则。

课后实践

请调研你的家乡或者求学的地区有哪些纺织类非物质文化遗产。

第二章 非物质文化遗产法律保护的国际立法与实践经验

本章主要介绍非物质文化遗产保护的相关国际法律法规，对部分国家非物质文化遗产法律保护情况进行概述，并总结各国非物质文化遗产法律保护的经验。

第一节 保护非物质文化遗产公约

自20世纪80年代以来，联合国教科文组织（UNESCO）意识到随着经济全球化带来的社会变革和人类生存环境的改变，非物质文化遗产比物质文化遗产更加脆弱，更容易遭到自然的或人为的损害。1989年的《关于保护传统和民间文化的建议》、2001年的《世界文化多样性宣言》和2002年第三次文化部部长圆桌会议通过的《伊斯坦布尔宣言》均强调了非物质文化遗产的重要性，指出它既是文化多样性的主要动

导学视频3

力，又是可持续发展的保证。在20世纪90年代，联合国教科文组织的两项新计划使非物质文化遗产保护的重要性与日俱增：一项是1993年启动的"人类活瑰宝"体系，另一项是宣布"人类口头和非物质遗产代表作"项目。从这些项目中取得的经验表明，我们需要有新的规范性工具来保护非物质文化遗产。经过多次研究新的规范性工具的合理性和可行性进行联合国教科文组织得出结论，可以通过制定新的公约来保证实现最妥善的保护。

2003年，联合国教科文组织第32届大会通过《保护非物质文化遗产公约》（以下简称《公约》），表明在国际法上一个全球统一的人类非物质文化遗产保护观念正式形成，同时也将国际法和各国国内法有机地结合起来，大大地促进了非物质文化遗产的保护进程。《公约》的通过标志着联合国教科文组织主导的、世界各国参与的非物质文化遗产保护工作已经达到了新的水平和阶段。

一、《保护非物质文化遗产公约》制定的意义

《公约》不仅强调了非物质文化遗产在维护全球文化多样性、促进可持续发展、加强国际合作、增强公众意识、保护传统知识和技能、关注弱势文化、促进社会和谐以及承认人类共同遗产方面的核心作用，而且为缔约国提供了包括政策制定、机构建立、研究和教育等方面的一套系统的保护措施和方法，从而确保这些宝贵的非物质文化遗产得到有效的保护和传承。

（一）强调文化多样性的重要性

《公约》明确指出，非物质文化遗产是文化多样性的重要体现，对于维护人类文化的多样性和丰富性具有重要意义。《公约》的制定，旨在通过保护非物质文化遗产，促进不同文化之间的交流与互鉴，增进相互理解和尊重，共同推动人类文化的繁荣发展。

（二）提供国际合作的平台

《公约》的出台为各国提供了一个共同的平台，促进了非物质文化遗产的国际合作与交流。通过国际合作，各国可以共享保护非物质文化遗产的经验和做法，共同应对保护工作中遇到的困难和挑战。此外，《公约》还鼓励发达国家向发展中国家提供技术援助和资金支持，帮助发展中国家提高非物质文化遗产的保护能力。

（三）推动非物质文化遗产的保护与传承

《公约》的制定为非物质文化遗产的保护与传承提供了法律保障和政策支持。《公约》明确了非物质文化遗产的定义、保护范围和保护措施，要求各国采取切实有效的措施来保护和传承非物质文化遗产。同时，《公约》还设立了"人类非物质文化遗产代表作名录"和"急需保护的非物质文化遗产名录"，为表彰和保护重要的非物质文化遗产项目提供了制度保障。

（四）促进文化的创造性转化和创新性发展

《公约》不仅强调对非物质文化遗产的保护和传承，还鼓励各国在保护的基础上进行创新性发展。通过创新性发展，可以使非物质文化遗产更好地适应现代社会的发展需求，焕发新的生机和活力实现传统文化与现代文明的相互融合、相互促进，从而成为非物质文化遗产传承的重要途径。

（五）提升公众的文化自觉和文化自信

《公约》的制定和实施有助于提升公众对非物质文化遗产的认识和尊重，增强公众的文化自觉和文化自信。通过宣传和教育活动，可以让更多的人了解和认识非物质文化遗产的价值和意义，从而积极参与非物质文化遗产的保护和传承。同时，公众的文化自觉和文化自信也是推动文化创新和文化繁荣的重要力量之一。

二、《保护非物质文化遗产公约》的主要内容

《公约》分为9章，共40条。序言介绍了公约制定的背景、理念和法律上的依据，正文涵盖了有关非物质文化遗产保护的宗旨、定义、保护机构、保护机制、国际合作、基金的设立和运作等内容，最后是关于《公约》的批准和生效等方面的规定。

（一）设立各类主体职权机制

设立各类主体职权机制是确保《公约》有效实施的关键。这些机制通过设置明确的组织结构和职权分配，为非物质文化遗产的保护工作提供了坚实的管理和执行基础。

1. 缔约国大会

缔约国大会是《公约》中设立的最高权力机构，由所有缔约国组成。大会的主要

职能是制定《公约》的总体政策和方向，审议和批准委员会的报告，以及决定《公约》的实施策略。大会的决策过程体现了成员国之间的平等和协商一致的原则，确保了各缔约国的利益和观点得到充分考虑和尊重。

2. 政府间保护非物质文化遗产委员会

政府间保护非物质文化遗产委员会是《公约》的执行机构，由各缔约国选举产生的代表组成。委员会负责监督《公约》的日常实施，拟订保护非物质文化遗产的计划和项目，以及推动国际合作和援助。委员会的工作不仅需要确保《公约》的规定得到遵守，还要鼓励和促进各缔约国之间的信息交流和经验分享。

为了充分利用民间专业资源，委员会还负责认证在非物质文化遗产领域具有专长的非政府组织，使其能够参与保护工作。这些组织在为委员会提供咨询意见、参与项目实施和监督评估等方面发挥着重要作用。认证机制的建立，旨在确保非政府组织的参与是有序和有效的，同时也提高了《公约》的社会参与度和透明度。

此外，委员会还需要与联合国教科文组织等国际组织密切协作，以确保《公约》的目标与全球文化政策和战略相协调。

（二）国际层面保护

国际层面保护体现了全球对非物质文化遗产保护的共同关注和努力。首先，《公约》确立了人类非物质文化遗产代表作名录，这是一个国际性的平台，用以展示和提升非物质文化遗产的全球影响力。通过被列入该名录，各种非物质文化遗产得以在国际舞台上得到认可和尊重，从而增强了文化多样性和国际文化交流。其次，针对那些急需保护的非物质文化遗产，《公约》设立了相应的名录。该名录的建立，旨在迅速采取保护措施，以防止这些遗产消失或受损。通过国际社会的共同努力，为这些遗产提供必要的支持和援助。

（三）国家层面保护

国家层面的保护措施要求各缔约国在国家层面上制定和实施一系列综合性政策和行动，以保障非物质文化遗产的活力和连续性。首先，各缔约国需制定全面的国家政策，确保非物质文化遗产在社会中发挥应有的作用，并将其保护纳入国家的规划和发展工作中。这不仅涉及文化领域，还包括教育、经济和社会政策等多个方面，以实现文化遗产保护与国家整体发展的协调一致。其次，《公约》强调了指定或建立专门机构的重要性，这些机构将承担起规划、实施、监督和评估保护措施的责任，确保各项政策得到有效执行。最后，《公约》还要求各缔约国采取适当的法律、技术、行政和财政措施，以促进非物质文化遗产的传承。

（四）国际合作与援助

国际合作与援助是《公约》中至关重要的一环，这些合作与援助的形式多样，具体包括以下几个方面。

1. 信息交流与经验分享

国际合作的主要形式是促进各缔约国之间的信息交流和经验分享。这包括但不限于非物质文化遗产的保护策略、实践案例、研究成果以及新兴的保护技术。通过国际研讨会、工作坊、在线论坛和出版物等渠道，各国可以相互学习、启发和借鉴。

2. 技术援助与专业知识交流

技术援助与专业知识交流是国际合作的核心内容之一。发达国家和具有先进保护技术的国家向需要帮助的国家提供技术支持，包括传统技艺的数字化记录、文化遗产的修复技术，以及非物质文化遗产的科学管理和保护方法。

3. 人力资源培训

国际合作还体现在人力资源培训上。通过组织培训班、提供奖学金、开展学术访问等，帮助缔约国培养非物质文化遗产保护的专业人才。

4. 基础设施建设支持

援助国或国际组织可能会提供资金或技术，帮助受援国建设或改善文化遗产保护的基础设施，如博物馆、文化中心、档案馆等。

5. 设备与物资援助

在某些情况下，受援国可能需要特定的设备或物资开展非物质文化遗产保护工作。国际合作可以通过捐赠或以优惠条件提供这些必需的设备和物资。

6. 财政援助

财政援助是国际合作的另一重要形式，特别是对于那些资源有限但文化遗产丰富的国家。通过国际基金、双边援助或多边合作项目，为非物质文化遗产的保护提供必要的资金支持。

（五）建立非物质文化遗产基金

非物质文化遗产基金的建立旨在为全球非物质文化遗产的保护工作提供稳定的财政支持，以确保各项保护措施的有效实施。该基金作为信托基金设立，其资金来源多样化，包括缔约国的定期纳款、国际组织和个人的捐款、赠款或遗赠，以及基金运营产生的利息等收入。这种多元化的资金筹集方式，不仅确保了基金的可持续性，也体现了国际社会对非物质文化遗产保护的共同承诺和支持。

基金的管理和使用严格遵循教科文组织的《财务条例》，由委员会根据大会的方针来决定，确保资金的透明、高效和合理分配。此外，基金的监督机制也相当严格，定期向大会报告资金的收入、支出和投资情况，保证资金使用的合规性和效率。

该基金的主要目的是支持《公约》的实施，为缔约国尤其是资源有限的国家提供帮助，以加强其非物质文化遗产保护工作。这包括但不限于资助相关的研究项目、技术援助、专业培训、基础设施建设等，旨在全面提升缔约国保护非物质文化遗产的能力。

通过建立非物质文化遗产基金，《公约》缔约国展现了对非物质文化遗产保护的坚定决心和实际行动，为全球非物质文化遗产的保护、传承和发展提供了坚实的财政保障，促进了人类文化多样性的可持续发展。

（六）非物质文化遗产的认定与记录

《公约》明确提出了对非物质文化遗产进行系统性认定、详尽记录和归档的要求，旨在为这些遗产的保护、研究和推广提供坚实的信息基础。

认定过程是识别和评价非物质文化遗产价值的关键步骤。它涉及对各种文化实践、表演艺术、传统知识和技能的深入分析，以及对特定社区或群体的文化重要性进行评估。这一过程要求广泛的社区参与和专家评估，确保认定的非物质文化遗产真实反映了人类的创造力和文化多样性。

记录工作包括为每项非物质文化遗产建立详尽的档案，记录它们的起源、发展、现状以及传承方式。这些记录不仅包括文字描述，还涉及图片、音频、视频等多媒体资料，以全面捕捉遗产的各个方面。数字化技术的运用使记录工作更加高效，也为遗产的长期保存和便捷访问提供了可能。

此外，《公约》鼓励各缔约国建立标准化的记录体系，以便于信息的共享和国际合作。通过建立数据库和网络平台，非物质文化遗产的记录资料可以在全球范围内得到传播，从而促进不同文化之间的了解和尊重。

（七）教育、宣传和能力培养

教育、宣传和能力培养构成了非物质文化遗产保护工作的核心支柱，旨在强化公众对非物质文化遗产价值的认识，培养、保护和传承这些遗产所需的专业技能，并激发社会各界对保护工作的参与和支持。

教育是传承非物质文化遗产的基础。《公约》鼓励各缔约国将非物质文化遗产的内容纳入学校教育体系，通过课程和活动让学生了解和体验本民族和地区的文化遗产。这种教育不仅限于知识的传授，更重视实践和体验，使学生能够在亲身参与中学习和欣赏非物质文化遗产。

宣传是增强公众意识的关键手段。《公约》提倡利用各种媒体和公共活动，如展览、节日庆典、研讨会等，展示非物质文化遗产的魅力，增强和激发公众特别是年轻一代对这些遗产的认识和兴趣。通过宣传，可以改变公众对非物质文化遗产的传统观念，促进社会对保护工作的支持和参与。

能力培养关注的是提升个人和社区保护非物质文化遗产的能力。《公约》要求各缔约国开展专业培训和继续教育项目，为文化工作者、教育者、社区领导者等提供必要的知识和技能。这些培训项目旨在建立一个专业人才网络，使他们能够在各自领域内推动非物质文化遗产保护和传承工作。

此外，社区参与是非物质文化遗产保护工作的重要组成部分。《公约》强调与社区□□□性，鼓励他们参与非物质文化遗产的保护、传承和推广活动。

□□□制

□□质文化遗产保护的质量和有效性。监督机制着重于确保各缔约国遵守《公约》规定，通过定期报告、现场考察和信息共享，对保护工作进行持续的跟踪和管理。评估机制通过成效评估、影响分析和问题识别，系统地评价保护措施的效果和影响，为保护工作的持续改进提供依据。

第二节　国外非物质文化遗产法律保护经验

非物质文化遗产的法律保护对于传承历史文化，维护国家和民族的权益，维护社会的公平正义具有极其重要的意义。许多国家都通过立法的手段来保护和传承非物质文化遗产，形成了各具特色的保护模式。

一、部分国家非物质文化遗产法律保护情况

（一）日本

日本非物质文化遗产法律保护的核心是《文化财保护法》。该法律自1950年首次颁布以来，经过多次修订与完善，形成了一套较为成熟的保护体系。《文化财保护法》对非遗的保护措施进行了具体规定，包括对非遗项目的记录、研究、保存、传承和推广等方面。

《文化财保护法》将非物质文化遗产定义为"无形文化财"，并对其进行了详细的分类，主要包括传统艺术、工艺技术、表演艺术等。法律明确了无形文化财的范畴，包括但不限于歌舞伎、文乐、雅乐、琵琶、尺八等传统艺术，以及陶艺、染织、编织、漆艺等工艺技术。

日本建立了"人间国宝"制度。"人间国宝"是指那些在传统艺术、工艺技术等领域具有卓越技能和成就的个人或团体。日本政府通过严格的选拔和认定程序，将这些具有重要文化价值的传承人命名为"人间国宝"，并给予他们国家层面的认可和支持。这一制度极大地提高了非遗传承人的社会地位，促进了传统艺术和工艺的传承与发展。

1975年，日本对《文化财保护法》进行了重要修订，将民俗文化遗产纳入保护范畴，并分为无形民俗文化遗产和有形民俗文化遗产。无形民俗文化遗产主要包括风俗习惯、民俗艺能、民俗技术等，而有形民俗文化遗产涉及与民俗活动相关的物质文化，如服装、道具、工具等。

2004年，《文化财保护法》引入了登录制度，对那些未能获得国家或地方政府"指定"的文化遗产实行"登录"方式予以保护。登录制度的建立，进一步拓宽了非遗保护的途径，为更多具有文化价值的项目提供了保护机会。

日本政府鼓励公众参与非遗保护工作，通过教育推广活动提高公众对非遗价值的认知度。各级学校将传统艺术、民俗的传习、研究纳入相关课程体系，政府官员也以传统艺术招待外宾，以此推广和弘扬非遗文化。

（二）韩国

1962年颁布的《文化财保护法》是韩国非物质文化遗产保护的核心法律。该法律明确了非物质文化遗产的定义、分类、保护原则和具体措施，为非物质文化遗产的保护提供了基本的法律依据。

随着社会的发展和文化观念的变迁，《文化财保护法》不断进行修订，以适应新的保护需求。例如，2016年的修订引入了"典型"概念，取代了原有的"原形"概念，更加强调文化的连续性和动态性，体现了对非物质文化遗产活态传承的认识。

韩国政府还制定了《文化财保护法施行令》和《文化财保护法施行规则》。这两部法规对《文化财保护法》的具体内容进行了细化和明确，包括非物质文化遗产的申报、评审、认定、登记、监督、管理等方面的操作流程和标准。两部法规的制定和实施，为非物质文化遗产的保护提供了更为具体的操作指南，确保了法律的可操作性和有效性。

在韩国非物质文化遗产的法律框架中，无形文化财的认定与管理是一个重要环节。《文化财保护法》规定了无形文化财的认定标准和程序，包括历史价值、艺术价值、学术价值等多重标准。在认定过程中，文化财委员会等专业机构将负责评审和推荐，以确保认定工作的公正性和专业性。一旦被认定为无形文化财，相关的保护和管理措施随即启动，包括技艺传承、资料保存、教育普及等。

在韩国的非物质文化遗产保护体系中，技（艺）能保有者占据核心地位。《文化财保护法》明确规定了技（艺）能保有者的权利和义务，包括技艺传承、公演展示、教育培训等。为了保障技（艺）能保有者的权益，韩国政府提供了一系列的支持措施，如经济补助、医疗保障、研究资助等。同时，技（艺）能保有者也有义务积极参与非物质文化遗产的保护和传承工作。

除以上措施外，韩国规定地方政府可以根据地方特色和需求，指定和管理地方文化财。地方文化财的保护不仅有助于丰富和完善国家层面的非物质文化遗产保护体系，也有助于激发地方社区的文化自觉和参与热情，促进文化多样性的保护。

韩国非物质文化遗产的法律还强调社会参与和监督。政府鼓励和支持社会各界参与非物质文化遗产保护工作，包括专家学者、文化团体、普通民众等。通过建立非物质文化遗产委员会等机构，韩国实现了对非物质文化遗产保护工作的民主监督和社会参与，提高了保护工作的透明度和公正性。

（三）蒙古国

蒙古国高度重视本国各民族的文化遗产，视其为民族精神和文化认同的重要组成部分。在法律层面，《蒙古国宪法》明确规定了对历史文物和科学智力遗产的保护。2014年，蒙古国议会就通过了《文化遗产保护法（修订本）》，该法共有十三章六十一项条款，根据文化遗产的宗旨和职能，对其中涉及非遗的调查、登记、研究、分级、评估、保存、保护、恢复、振兴、传承、所有、使用及宣传等细项进行了规定。2018

年，为应对文化遗产保护的新挑战（如非法挖掘、气候变化影响等）并执行法律执行框架，该法案进行了再次修订。同时蒙古国还制定了《图书馆法》《蒙古国语言法》《公共广播和电视法》等，这些法律共同营造了一个有利于非遗保护的法律环境。

蒙古国政府主导非遗保护工作，成立了蒙古国国家文化遗产中心（MNCCH），负责非遗项目的登记、清单制定、文献存档、修复和保存等工作。此外，蒙古国建立了非遗登记和信息数据库，对非遗项目和传承人进行注册登记，以数字化手段保存非遗资料。蒙古国还实施了一系列国家工程，如"非物质文化遗产保护研究工程"，并通过政府令和配套项目支持非遗的保护和传播。其政府还特别扶持非遗传承人，为他们提供资金支持，并组织非遗节庆和仪式活动，以促进非遗的传承。

（四）西班牙

西班牙对非物质文化遗产的法律保护形成了以宪法为基础，专门法律和地方法律相结合的保护体系。

1978年颁布的《西班牙宪法》为非物质文化遗产的保护提供了坚实的法律基础和法理依据。其序言强调保护所有西班牙公民的人权，发展其文化、传统、语言和组织。第46条明确规定，政府当局有责任保障保存和丰富西班牙各族人民的历史、文化和艺术遗产，违反此规定的行为由刑法予以制裁。

以宪法为纲领，西班牙在1985年颁布了《西班牙历史遗产法》，将传统文化中重要的知识和活动列入保护范围。

在地方层面，绝大多数大区政府都先于中央政府制定、出台了有关保护非物质文化遗产的法律条文。例如，加那利群岛大区政府制定了专门的保护法，以保护濒临灭绝的戈麦罗哨语（Gomeran Whistle Language）。

通过法律保障，西班牙建立了分工明确、职责清晰的非遗保护体系。中央层面的教育、文化和体育部是非物质文化遗产保护工作的主管部门，其下属的历史遗产保护处和西班牙文化遗产研究所直接负责相关工作。2011年，西班牙颁布了《国家非物质文化遗产保护计划》，旨在为本国各大区具体的非遗保护行动提供宏观政策上的引导，建立一套完整的非遗保护政策体系。西班牙各大区都活跃着与非物质文化遗产保护相关的组织和团体，这些非政府团体和组织对非遗保护起到不可替代的积极作用。

（五）阿根廷

阿根廷非物质文化遗产的法律保护体系是在逐渐深化的文化自觉和国际合作背景下建立起来的。20世纪初，阿根廷开始逐渐认识到文化遗产对民族身份和历史传承的重要性。1913年的第9080号法律标志着阿根廷非物质文化遗产保护的初步尝试。该法律虽然主要针对物质文化遗产，但为后来的非物质文化遗产保护奠定了基础。2006年通过的第26118号法律明确承认了联合国教科文组织《公约》的合法性，标志着阿根廷非物质文化遗产保护工作与国际标准接轨。

阿根廷非物质文化遗产的法律框架由国家宪法、国家法律、地方法律、政策与计划构成。法律明确了非物质文化遗产的保护范围，包括传统艺术、手工艺、民俗、传统知识和实践等。阿根廷文化秘书处被指定为负责非物质文化遗产保护的机构，负责制定和实施保护政策。各省份根据本地特色和需求，制定了相应的非物质文化遗产保护法律。如布宜诺斯艾利斯市的第1227号法律，为非物质文化遗产的研究、保存等提供了法律框架。阿根廷法律还鼓励社区和各种利益相关者参与非物质文化遗产的保护工作，通过教育系统和文化活动，加强对非物质文化遗产的认识和传承。法律也规定了国家要为非物质文化遗产的保护、研究和传承提供必要的经济支持。

二、国外非物质文化遗产法律保护的经验借鉴

世界各国在非物质文化遗产法律保护方面积累了丰富的经验。这些经验不仅为其他国家提供了宝贵的参考，也为全球非物质文化遗产的保护和传承提供了指导。通过立法先行、系统化保护、分类分级保护、传承人保护机制、公众参与与教育、国际合作与共享及知识产权法的应用，使非物质文化遗产得到了更为全面和有效的保护。

（一）立法先行与系统化保护

国外非物质文化遗产的法律保护首先强调立法的引领作用。各国通过立法明确了非物质文化遗产的定义、范畴，并制定了相应的保护、传承和发展措施。这些法律框架不仅为保护工作提供了明确的指导，也为利益相关者提供了法律依据。系统化的管理机制是保护工作的关键，包括设立国家级保护机构或委员会，负责统筹规划、监督执行和评估保护状况。这些机构具备跨部门协调能力，确保不同政府部门之间的合作与协同，从而形成一个全面、高效的保护网络。

（二）分类分级保护

细致的分类和明确的分级制度是国外非物质文化遗产保护的另一个重要特点。不同国家根据自身文化特点和保护需求，将非物质文化遗产分为不同的类别，如传统手工艺、传统表演艺术、传统知识和实践、传统节庆活动等。这种细致的分类有助于更有针对性地制定保护措施。同时，根据非物质文化遗产的历史价值、文化价值、艺术价值及濒危程度等因素，将其划分为不同的级别，如国家级、州/省级、地方级等。不同级别的非物质文化遗产享受不同级别的保护和支持，确保了保护工作的针对性和有效性。

（三）传承人保护机制

传承人在非物质文化遗产保护中扮演着核心角色。国外经验中，传承人被赋予了特殊地位，他们的知识和技能被认为是非物质文化遗产传承的关键。为了确保非物质文化遗产的活力和持续性，许多国家为传承人提供法律认可和保护，包括确保知识产权得到尊重，传统知识和技能得到合理使用和传播。此外，许多国家建立了传承人的认证和登记制度，通过官方认证，传承人的身份和文化遗产的地位得到了正式承认，有助于提高传承人在社会中的地位，并为他们提供必要的支持和资源。

（四）公众参与与教育

公众参与是非物质文化遗产保护的关键因素。国外经验显示，通过教育、媒体宣传、公共活动等多种途径增强公众意识，鼓励公众对非物质文化遗产的认识、欣赏和保护。教育在非物质文化遗产的保护中扮演着至关重要的角色，许多国家将相关知识融入学校教育体系中，从基础教育到高等教育，都强调对传统艺术、手工艺、民俗等非物质文化遗产的教育和传承。公共教育和社区参与计划被广泛用于提高公众对非物质文化遗产价值的认识，让公众有机会直接参与和体验非物质文化遗产。

（五）国际合作与共享

国际合作在非物质文化遗产保护中发挥着至关重要的作用。许多国家认识到，非物质文化遗产不仅是国家或地区的财富，也是全人类共同的财富。因此，通过国际合作，可以更有效地保护和传承这些遗产。多边协议和公约是推动国际合作的重要工具。国际合作还体现在共享最佳实践经验和技术交流上，许多国家通过参与国际会议、研讨会和工作坊，分享自己在非物质文化遗产保护方面的经验和技术。此外，跨国界的文化交流和合作项目，以及对发展中国家的技术支持和能力建设，都是国际合作的重要组成部分。

（六）知识产权法的应用

知识产权法在非物质文化遗产保护中的应用，强调了对传统知识和文化表现形式的法律认可。国外经验中，特别关注了原住民和地方社区的权利，法律赋予这些社区对其传统知识和文化表现形式的自主权。此外，通过知识产权法确立了对传统艺术、手工艺、音乐、舞蹈和戏剧等的保护，保护传承人和表演者的权利，确保他们能够从文化贡献中获得合理的利益。知识产权法的应用还包括注册和认证机制，如地理标志的注册，以及提供刑事和民事救济措施。同时，国外经验还强调了知识产权教育和意识提升的重要性，通过教育和公共宣传，提高公众对非物质文化遗产及其知识产权保护的认识。

课后习题

（1）简述《公约》制定的意义。

（2）简述《公约》的主要内容。

课后实践

请选择一个国家，调研这个国家对非物质文化遗产开展法律保护的情况。

第三章　我国纺织类非物质文化遗产的行政法保护

本章主要介绍了我国非物质文化遗产行政立法现状，特别是对《中华人民共和国非物质文化遗产法》（以下简称《非遗法》）的立法背景、意义，以及主要法律制度和相关条文进行了解读，并分析了纺织类非物质文化遗产行政法保护相关典型案例。

第一节　我国非物质文化遗产法律保护的行政法概述

我国作为一个传承千年的文明古国，一直以深厚悠久的历史文化积淀享誉世界。目前，非物质文化遗产公法保护与私法保护的关系问题成了当前理论界研究的重点。从非物质文化遗产保护现状来看，最主要的保护形式就是行政法保护。我国非物质文化遗产行政法保护的立法实践主要分为国家层面和地方层面。

一、国家关于非物质文化遗产行政法保护的立法实践

我国非物质文化遗产的国家层面立法经过了不断发展完善。

1982年，全国人民代表大会常务委员会公布施行的《中华人民共和国文物保护法》第二条规定，下列具有历史、艺术、科学价值的文物，受国家保护：①古文化遗址、古墓葬、古建筑、石窟；②与重大历史事件、革命运动或者著名人物有关的以及具有重要纪念意义、教育意义或者史料价值的近代现代重要史迹、实物、代表性建筑；③历史上各时代珍贵的艺术品、工艺美术品；④历史上各时代重要的文献资料、手稿和图书资料等；⑤反映历史上各时代、各民族社会制度、社会生产、社会生活的代表性实物。

这部法律主要以保护有形的文化遗产为目标，但其中部分内容也涉及非物质文化遗产的保护。例如，非遗的"实物"载体等，同时具有物质文化的和非物质文化的特性。

1984年5月31日，第六届全国人民代表大会第二次会议通过的《中华人民共和国民族区域自治法》第三十八条明确规定："民族自治地方的自治机关自主地发展具有民族形式和民族特点的文学、艺术、新闻、出版、广播、电影、电视等民族文化事业，加大对文化事业的投入，加强文化设施建设，加快各项文化事业的发展。民族自治地方的自治机关组织、支持有关单位和部门收集、整理、翻译和出版民族历史文化书籍，保护民族的名胜古迹、珍贵文物和其他重要历史文化遗产，继承和发展优秀的民族传统文化。"这是第一次用法律形式提出民族文化特别是少数民族文化中非物质文化遗

产保护问题。

但是，当时我国的文物保护法并不全面，很多无形文化遗产并未包含其中，文物保护法中涉及的少数民族非物质文化遗产也并不全面，且未涉及相应的保护措施。随着社会经济的发展和对非物质文化遗产保护工作的重视，我国制定了一系列非遗相关的法律制度。在党中央、国务院的领导下，在全国人民代表大会、国务院法制办公室、文化部等部门的共同努力下，《非遗法》在2011年2月25日经全国人大第十九次会议审议通过，并自2011年6月1日起施行。这部法律的制定标志着我国非物质文化遗产保护走上有法可依的道路，是历史性的转变。

表3-1列出了我国非物质文化遗产的立法保护发展历程。

表3-1 我国非物质文化遗产的立法保护发展历程

时间	法律法规	作用
1990年7月	《中华人民共和国著作权法》	为民间文学艺术作品的著作权以及有关的权益保护提供了法律依据
1997年5月	《传统工艺美术保护条例》	为传统工艺美术的保护提供了法律依据
2003年11月	《中华人民共和国民族民间传统文化保护法（草案）》	确定了民族民间文化遗产在我国社会文化生活中的法律地位
2006年12月1日	《国家级非物质文化遗产保护与管理暂行办法》	对国家级非物质文化遗产项目保护单位及代表性传承人的认定标准、基本条件、有关权利和义务及管理措施作出了具体规定
2008年6月14日	《国家级非物质文化遗产项目代表性传承人认定与管理暂行办法》	确定了国家级非物质文化遗产项目代表性传承人的认定原则、条件、程序、权利、义务、资助，以及取消代表性传承人资格的办法
2011年6月1日	《中华人民共和国非物质文化遗产法》	标志着我国非物质文化遗产保护全面上升为国家意志，非物质文化遗产保护工作由此真正进入有法可依的阶段

国务院部分部委也出台了一系列部门规章和文件，推动了非物质文化遗产保护工作，主要包括：《中宣部、中央文明办、教育部、民政部、文化部关于运用传统节日弘扬民族文化的优秀传统的意见》《商务部、文化部关于加强老字号非物质文化遗产保护工作的通知》《文化部、教育部、全国青少年校外教育工作联席会议办公室关于在未成年人校外活动场所开展非物质文化遗产传承教育活动的通知》《关于印发〈国家非物质文化遗产保护专项资金管理办法〉的通知》。

国务院文化主管部门出台了《国家级非物质文化遗产保护与管理暂行办法》《国家级非物质文化遗产项目代表性传承人认定与管理暂行办法》《文化部关于加强国家级非物质文化遗产代表性项目保护管理工作的通知》《文化部关于加强国家级文化生态保护区建设的指导意见》《文化部关于加强非物质文化遗产生产性保护的指导意见》《文化部办公厅关于印发〈中国非物质文化遗产标识管理办法〉的通知》。

二、地方关于非物质文化遗产行政法保护的立法实践

非物质文化遗产是文化多样性的重要体现。地方立法可以确保不同地区、民族和社区的独特文化表现形式得以保护和传承，维护文化多样性。近年来，很多地区也结合自身情况，制定了更加细化、有针对性的地方性法规进行补充。截至2023年，已有31个省（自治区、直辖市）制定了省级非物质文化遗产地方性法规。其中，24个省（自治区、直辖市）的省级非物质文化遗产地方性法规是在《非遗法》实施后制定的；江苏省、浙江省、福建省、广西壮族自治区、云南省、宁夏回族自治区和新疆维吾尔自治区7省（自治区）在《非遗法》颁布前就已出台相关地方性法规（《云南省民族民间传统文化保护条例》在《云南省非物质文化遗产保护条例》出台后废止）。省级及以上法规制定多采用"非物质文化遗产条例"形式，如《河北省非物质文化遗产条例》《云南省非物质文化遗产保护条例》；湖南省、西藏自治区采用"办法"形式，如《西藏自治区实施〈中华人民共和国非物质文化遗产法〉办法》。部分地区代表性配套法规制定情况见表3-2。

表3-2　部分地区非物质文化遗产法配套法规制定情况

地区	法规名称	发布机关	颁布时间
河北省	《河北省非物质文化遗产条例》	河北省人大常委会	2014
山西省	《山西省非物质文化遗产条例》	山西省人大常委会	2012
辽宁省	《辽宁省非物质文化遗产条例》	辽宁省人大常委会	2014
黑龙江省	《黑龙江省非物质文化遗产条例》	黑龙江省人大常委会	2016
上海市	《上海市非物质文化遗产保护条例》	上海市人大常委会	2015
江苏省	《江苏省非物质文化遗产保护条例》	江苏省人大常委会	2006
浙江省	《浙江省非物质文化遗产保护条例》	浙江省人大常委会	2007
安徽省	《安徽省非物质文化遗产条例》	安徽省人大常委会	2014
福建省	《福建省民族民间文化保护条例》	福建省人大常委会	2004
江西省	《江西省非物质文化遗产条例》	江西省人大常委会	2015
山东省	《山东省非物质文化遗产条例》	山东省人大常委会	2015
河南省	《河南省非物质文化遗产保护条例》	河南省人大常委会	2013
湖北省	《湖北省非物质文化遗产条例》	湖北省人大常委会	2012
湖南省	《湖南省实施〈中华人民共和国非物质文化遗产法〉办法》	湖南省人大常委会	2016
广东省	《广东省非物质文化遗产条例》	广东省人大常委会	2011
广西壮族自治区	《广西壮族自治区民族民间传统文化保护条例》	广西壮族自治区人大常委会	2005
	《广西壮族自治区非物质文化遗产保护条例》	广西壮族自治区人大常委会	2017
重庆市	《重庆市非物质文化遗产条例》	重庆市人大常委会	2012

地区	法规名称	发布机关	颁布时间
贵州省	《贵州省非物质文化遗产保护条例》	贵州省人大常委会	2012
云南省	《云南省非物质文化遗产保护条例》	云南省人大常委会	2013
西藏自治区	《西藏自治区实施〈中华人民共和国非物质文化遗产法〉办法》	西藏自治区人大常委会	2014
陕西省	《陕西省非物质文化遗产条例》	陕西省人大常委会	2014
甘肃省	《甘肃省非物质文化遗产条例》	甘肃省人大常委会	2015
宁夏回族自治区	《宁夏回族自治区非物质文化遗产保护条例》	宁夏回族自治区人大常委会	2006
新疆维吾尔自治区	《新疆维吾尔自治区非物质文化遗产保护条例》	新疆维吾尔自治区人大常委会	2008
天津市	《天津市非物质文化遗产保护条例》	天津市人大常委会	2018

第二节　我国非物质文化遗产行政法保护相关法律解读

改革开放以来，我国文化立法取得了很大进展，初步形成了覆盖文化遗产保护、知识产权保护、公共文化服务、文化市场管理等全方位的法规体系。但总体上看，文化建设的法律层级较低，体系还不是很完善。《非遗法》是继《中华人民共和国文物保护法》颁布后文化领域的又一部重要法律，是我国开展非遗行政法保护方面最重要的一部

法律。《非遗法》不仅提升了文化立法的层次和水平，而且丰富了我国法律体系的内容，在文化建设立法中具有里程碑的意义。

一、《非遗法》立法背景

中国的非物质文化遗产保护立法工作始于1998年，当时，全国人大教科文卫委员会在对云南、四川、贵州、重庆、广西等地的民间艺术之乡、传统工艺、民间艺术现状深入调研后，向文化部提出了研究起草民族民间传统文化保护法的建议。2002年8月，文化部经过反复论证研究，向全国人大教科文卫委员会报送了民族民间文化保护法的建议稿。2003年10月，联合国教科文组织通过了《保护非物质文化遗产公约》，从此，非物质文化遗产这一概念逐渐取代民族民间文化的传统概念。2004年8月，全国人大常委会批准加入了《保护非物质文化遗产公约》。为了更好地与国际公约接轨，全国人大教科文卫委员会成立民族民间传统文化保护立法专门小组，决定由文化部牵头，组织有关方面的力量，在总结实践经验、广泛调查研究的基础上，于2006年起草了《中华人民共和国非物质文化遗产保护法草案（送审稿）》，并报请国务院审议。2010

年6月，国务院第115次常务会议讨论通过了《中华人民共和国非物质文化遗产法（草案）》，并提请全国人大常务委员会审议。2011年2月23日，十一届全国人大常委会第十九次会议对《中华人民共和国非物质文化遗产法（草案）》进行第三次审议；2011年2月25日，十一届全国人大常委会第十九次会议表决通过了《中华人民共和国非物质文化遗产法》。

二、《非遗法》的立法意义

随着非物质文化遗产保护工作的深入推进，社会各界已认识到这是一项长期而复杂的任务，需要法律、科技、行政和财政等多方面措施的有机配合和持续实施。《非遗法》的出台，标志着党中央关于文化遗产保护的方针政策上升为国家意志，将非物质文化遗产保护的有效经验上升为法律制度，并明确各级政府部门的保护职责和法律责任。

《非遗法》不仅完善了中国特色社会主义法律体系，也是加强文化立法的关键步骤。文化领域的法律法规是中国特色社会主义法律体系的重要组成部分，体现了全面推进依法治国的方针，在文化建设中具有基础性和全局性的作用。

《非遗法》的制定也体现了我国履行国际公约义务的承诺。作为《公约》的主要发起国之一，我国曾两次当选为该公约政府间委员会委员国。通过法律形式保护非物质文化遗产，是缔约国的重要职责。中国作为负责任的大国，肩负着推动国际社会非物质文化遗产保护的责任和义务。《非遗法》的制定，充分吸收了国际公约的精神，并结合我国的实际保护经验，体现我国全面履行国际公约义务的决心和努力，是我国为促进全球非物质文化遗产保护、维护文化多样性所做的积极贡献。

《非遗法》明确了保护的核心目标，即"继承和弘扬中华民族优秀传统文化，促进社会主义精神文明建设，加强非物质文化遗产保护、保存工作"。在制度设计上，主要体现在以下几个方面：首先，对保护对象进行了明确界定；其次，以行政保护为主；最后，通过认定、记录、建档等措施，以及利用各类非遗保护机构进行保存，对具有历史、文学、艺术、科学价值的非物质文化遗产采取传承和传播等方式进行保护。

《非遗法》提出了指导非物质文化遗产保护的"两大原则"：一是保护非物质文化遗产应注重其真实性、整体性和传承性；二是保护工作应有利于增强中华民族的文化认同，维护民族团结和国家统一，并促进社会和谐及可持续发展。这两大原则高度总结了我国非物质文化遗产保护的经验。

三、《非遗法》的主要法律制度

《非遗法》共分6章45条，包括总则、非物质文化遗产的调查、非物质文化遗产代表性项目名录、非物质文化遗产的传承与传播、法律责任和附则。

《非遗法》第一章总则对本法立法目的、适用范围和基本内容作出了提纲挈领的表述。《非遗法》第二章至第四章分别针对非物质文化遗产的调查、代表性项目名录、传承与传播作出具体规定。如遗产调查、信息共享等方面的流程与要求；代表性项目申报、评审、公布的条件、原则与流程；代表性传承人的认定条件和义务；媒体、教育机构、科研机构等各类保护主体的职责等。《非遗法》第五章和第六章主要说明了本法相关法律责任、本法与其他法律法规的关系等。

《非遗法》确立了以下重要制度：

（一）立法保护非遗传承人并引入退出机制

《非遗法》明确了认定非遗传承人的条件，并引入了传承人退出机制，对代表性传承人的审定、保护及应当履行的义务作了明确规定。同时还规定，非物质文化遗产传承人不认真履行传承和培养后继人才等义务的，文化主管部门可以取消其代表性传承人资格，重新认定该项目的代表性传承人。

非物质文化遗产保护工作中，最核心的是对传承人的保护。《非遗法》中，明确要求县级以上人民政府文化主管部门支持非物质文化遗产代表性项目的代表性传承人开展传承、传播活动。另外，从2011年开始，国家对非遗传承人的补贴从每年8000元增至1万元，用于补助传承人开展展演展示、资料整理、学术交流、带徒授艺等传承活动和生活。

非遗传承人的"退出机制"以法律的形式规定下来，可以有效敦促传承人积极履行传承义务。传承人得到了国家和地方的扶持和资助，其所掌握的非遗知识已经不是其私有财产，而是中华民族文化的有机组成部分，如果其不愿意或无力传承，当然应该取消其资格，由其他更愿意或有能力传承的人员取代。

（二）规范非遗"重申报、轻保护"现象，引入非遗名录退出机制

近年来，国内非物质文化遗产"重申报、轻保护"的现象十分突出，诸如各地争抢名人故里的新闻屡见不鲜。针对当前一些地方重申报、重开发，轻保护、轻管理，保护措施不落实等问题，《非遗法》规定，对体现中华优秀传统文化，具有历史、文学、艺术、科学价值的非物质文化遗产采取传承、传播等措施予以保护。在今后的国家级名录项目评审中，将进一步严格把关，对申报人降温，把保护的实事做实，定期组织评估检查，并实行国家级非物质文化遗产代表性项目名录的"退出制度"，对不再符合国家级名录标准的将予以除名，并追究相关责任。

（三）对非遗保护不力的依法追究主管部门及相关责任人的责任

《非遗法》明确指出了非遗保护的主管部门及其承担的责任。根据《非遗法》规定，国务院文化主管部门负责全国非物质文化遗产的保护、保存工作；县级以上地方人民政府文化主管部门负责本行政区域内非物质文化遗产的保护、保存工作。

而主管部门或责任人对非遗保护不力的，《非遗法》也明确了其法律责任。《非遗法》规定，文化主管部门和其他有关部门的工作人员在非物质文化遗产保护、保存工作中玩忽职守、滥用职权、徇私舞弊的，依法给予处分；文化主管部门和其他有关部门的工作人员进行非物质文化遗产调查时侵犯调查对象风俗习惯，造成严重后果的，依法给予处分。

（四）立法为非遗保护提供财政保障

国家扶持民族地区、边远地区、贫困地区的非物质文化遗产保护、保存工作。此次实施的《非遗法》，首次明确"县级以上人民政府应当将非物质文化遗产保护、保存工作纳入本级国民经济和社会发展规划，并将保护、保存经费列入本级财政预算"，这一条非常重要，为开展非遗普查、申报、传承活动提供了强有力的财政保障。

四、《非遗法》的主要条文释义

● **第二条**　本法所称非物质文化遗产，是指各族人民世代相传并视为其文化遗产组成部分的各种传统文化表现形式，以及与传统文化表现形式相关的实物和场所。包括：（一）传统口头文学以及作为其载体的语言；（二）传统美术、书法、音乐、舞蹈、戏剧、曲艺和杂技；（三）传统技艺、医药和历法；（四）传统礼仪、节庆等民俗；（五）传统体育和游艺；（六）其他非物质文化遗产。

属于非物质文化遗产组成部分的实物和场所，凡属文物的，适用《中华人民共和国文物保护法》的有关规定。

【释义】本条是关于非物质文化遗产的定义和范围，以及本法与《中华人民共和国文物保护法》在法律适用方面的关系的规定。

根据本条的规定，非物质文化遗产包括如下范围：

1. 传统口头文学以及作为其载体的语言

传统口头文学包括一个民族世代传承的史诗、歌谣、说唱文学、神话、传说、民间故事等。我国历史悠久、民族众多，各民族的传统口头文学丰富多彩、底蕴深厚，如孟姜女传说、白蛇传传说、刘三姐传说等，都在人民群众中有很大的影响力，可以说是家喻户晓。传统口头文学是以说唱的语言为载体的，如《格萨尔》是以藏语进行说唱的，所以藏语是其表达的载体，根据本项的规定，《格萨尔》和作为其载体的藏语都是非物质文化遗产。这里应当指出的是，单纯的一种民族语言不是非物质文化遗产，只有当其成为口头文学的语言载体时，才能与该口头文学共同构成非物质文化遗产。

2. 传统美术、书法、音乐、舞蹈、戏剧、曲艺和杂技

（1）传统美术，包括雕塑、剪纸、雕刻、木版年画、刺绣、泥塑、面塑、糖塑等多种传统艺术形式。

（2）传统书法，包括汉字书法和一些少数民族的文字书法，如藏文书法等。目前，汉字书法和藏文书法均已列入国家级非物质文化遗产名录。

（3）传统音乐，包括民间音乐、文人音乐、宗教音乐和宫廷音乐。其中，民间音乐包括山歌、小调、劳动歌曲等民歌，弦索乐、丝竹乐、吹管乐、鼓吹乐、吹打乐等民间器乐，以及民间歌舞乐、戏曲音乐和说唱音乐等。文人音乐包括古琴音乐、诗词吟诵调、文人自度曲。宗教音乐包括佛教音乐、道教音乐等，以及其他宗教音乐。宫廷音乐包括祭祀乐、朝会乐、导迎，以及巡幸乐、宴乐等。

（4）传统舞蹈，多适用于各种仪式性场合，大到国家的祭祀、朝会、出战、庆功、王室更替，小到百姓婚丧嫁娶、播种收割等均有适用于该仪式的舞蹈。我国的传统舞蹈一般具有较强的仪式性，一般在特定的时间和场合进行表演，体现了某种特定的信仰和情感。像土家族每年农历正月要祭祀始祖"八部大王"，跳摆手舞、毛古斯舞，藏族每年藏历的"跳神节"要跳"羌姆"，青海黄南藏族自治州同仁地区藏族每年的"六月会"祭祀山神、二郎神及跳龙鼓舞等，均具有较强的仪式性特征。

（5）传统戏剧，是一种综合舞台艺术样式，是以歌舞演故事的一种艺术形式，其将众多艺术形式按照展现美的标准聚合在一起。这些形式主要包括诗、乐、舞。诗指文学，乐指音乐伴奏，舞指表演。此外还包括舞台美术、服装、化妆等方面。据资料记载，中国的传统戏曲有300多种，如今还在传承的大约有260多种，如京剧、曲剧、昆曲、沪剧、评剧、黄梅戏、越剧等。

（6）传统曲艺，属于说唱艺术，是以民间讲唱文学为基础的，将讲唱文学、音乐、表演三者相综合的中国传统艺术，包括评书、大鼓、相声、评弹等多种艺术形式。

（7）传统杂技，古代又称"杂伎""杂技乐"。杂技艺术起源于秦朝，称为"角抵戏"。经过几千年的传承、发展，已从简单的技巧表演发展为一种综合表演艺术。

3. 传统技艺、医药和历法

（1）传统技艺，主要是指传统手工技艺，是指以手工劳动，使用自然材料进行制作的，具有独特艺术风格的技艺，其能传达文化内涵，富有装饰性、功能性和传统性。

（2）传统医药，泛指具有不同文化背景的民族传统，用于预防、治疗和保健的天然药物，以及应用这些药物防病治病的系统理论或经验知识，包括中医药和民族医药。中医药是指以汉文化为背景的传统医药，民族医药是指少数民族的传统医药，包括藏医药、蒙医药、维吾尔医药、傣医药、壮医药、瑶医药、彝医药、侗医药、土家族医药、朝鲜族医药、回医药等各民族医药。

（3）传统历法，包括农历和一些少数民族的历法，如藏族的天文历算等。农历，即夏历，将一年分为二十四节气，将月亮运动作为一个月，其产生与农业生产有关，是为了服务于农业生产而制定的。目前，农历二十四节气、藏族天文历算均已列入国家级非物质文化遗产名录。

4. 传统礼仪、节庆等民俗

民俗，即民间风俗，指广大民众所创造、享用和世代传承、相沿成习的生活模式，它是一个社会群体在行为和心理上的集体习惯。民俗一般包括传统礼仪、节庆、民间信俗、民族服饰等。

5. 传统体育和游艺

（1）传统体育，是指在中华大地上各民族自古流传下来的体育活动，包括从军事技能中衍生出来的体育项目，如武术、射箭、摔跤、蹴鞠等；健身养生的体育项目，如气功、太极拳等。

（2）传统游艺，是指具有娱乐作用的各种民间游戏，如荡秋千、抖空竹等。

6. 其他非物质文化遗产

这是一项兜底性规定，可以涵盖上述前五项以外的其他非物质文化遗产项目，同时也可以为将来新发现的非物质文化遗产项目在法律规定上留下空间。

● 第三条　国家对非物质文化遗产采取认定、记录、建档等措施予以保存，对体现中华民族优秀传统文化，具有历史、文学、艺术、科学价值的非物质文化遗产采取传承、传播等措施予以保护。

【释义】本条是关于非物质文化遗产保护、保存的规定。

1. 对非物质文化遗产予以保存的措施

依照本条规定，保存的措施主要有认定、记录和建档。

（1）关于认定。对非物质文化遗产的认定，是保护、保存工作的起点。非物质文化遗产的特点决定了大多数非物质文化遗产与各族人民的生产生活密切相关，它们大多流传在民间，散落在各地，特别是边远地区。这就需要负责非物质文化遗产保护、保存工作的文化主管部门进行调查，对调查的结果组织专家依法进行认定。只有认定为非物质文化遗产的，才能纳入保存的范围。如果不进行认定，没有统一的认定标准，而是统而论之，就可能出现"眉毛胡子一把抓"的现象，使保护、保存的非物质文化遗产过多、过滥，从而影响对非物质文化遗产的保护、保存。

（2）关于记录。一旦经法定程序认定为非物质文化遗产，有关方面就应当进行登记、记录。之所以要求记录，是因为非物质文化遗产的"活态"性。只有进行记录，才能使非物质文化遗产物质形态化，便于建立完整档案，便于保存，便于日后的研究，甚至传承、传播。这里的记录既包括登记造册的文字记录，也包括通过摄影、摄像、录音等手段得到的影视记录。对一些传统口头文学，以及作为其载体的语言，就需要进行文字记录；而对一些传统技艺、传统礼仪、节庆等民俗，传统体育和游艺等，除了文字记录外，还需要进行影视记录。考虑到有些非物质文化遗产包括场所，可能还需要对场所进行保护，设立相应的保护标志，避免被人为破坏等。

（3）关于建档。建档是指建立档案。档案作为各种文字、图表、声像等不同形式不同载体的历史记录，对人们研究、传承、传播非物质文化遗产具有十分重要的作用。只有为认定为非物质文化遗产的项目建立档案，才有利于保护、保存。对非物质文化遗产建立档案，需要按照档案法的要求，收集、整理属于非物质文化遗产组成部分的代表性实物、图片、资料等档案材料，对其妥善保护、保存、管理和利用，防止损毁、流失。

2. 对非物质文化遗产予以保护的措施

依照本条规定，保护的措施主要有传承、传播。

（1）关于传承。传承具有相传、承继、延续等含义。本法规定的传承，是要求把一种非物质文化遗产继承下来、传播下去，主要针对体现中华优秀传统文化，具有历史、文学、艺术、科学价值、口传心授的非物质文化遗产，避免出现人亡艺绝的现象。传承的形式主要有两种：一种是自然性传承，另一种是社会资助性传承。前者主要是指在无社会干预性力量的前提下，完全依赖个体行为的某种自然性的传承延续，许多非物质文化遗产基本上是靠这种方式延续至今的，如民族民间的口头文学、手工技艺、民俗等。后者主要是指在社会某些力量支持下的传承，这包括行政部门、社会团体的各种支持行为。比如，通过采取法律、技术、行政、财政等措施，建立对传承活动的保障制度，通过教育等途径将传承活动纳入其中等。

（2）关于传播。传播具有公开宣传、广而告之、发扬光大的含义。本法规定的传播对象应当是体现中华优秀传统文化，具有历史、文学、艺术、科学价值的非物质文化遗产。随着现代科学技术的快速发展，传播的手段越来越多，除了传统的报纸、杂志、广播、电视，以及展览、展示、课堂教学外，各种信息网络、移动电子媒介等现代传播方式成为传播非物质文化遗产的路径。

● 第六条　县级以上人民政府应当将非物质文化遗产保护、保存工作纳入本级国民经济和社会发展规划，并将保护、保存经费列入本级财政预算。

【释义】本条款是关于非遗保护财政保障的规定。通过纳入本级国民经济和社会发展规划和财政预算，各级政府及有关部门要积极采取有效措施，落实这一条款，进一步推动少数民族非遗保护工作取得新的进展，为加强民族团结提供有力保障。

● 第十一条　县级以上人民政府根据非物质文化遗产保护、保存工作需要，组织非物质文化遗产调查。非物质文化遗产调查由文化主管部门负责进行。

县级以上人民政府其他有关部门可以对其工作领域内的非物质文化遗产进行调查。

● 第十二条　文化主管部门和其他有关部门进行非物质文化遗产调查，应当对非物质文化遗产予以认定、记录、建档，建立健全调查信息共享机制。

【释义】这两条是关于非物质文化遗产调查机关和建立信息共享机制的规定。规定，对非物质文化遗产的调查，应当由文化主管部门或者其他有关部门进行。应当建立起信息共享机制，由文化主管部门对所调查的非物质文化遗产进行认定、记录、建档，并进行信息共享。这主要是为了减少一些地方政府对同一种非物质文化遗产重复调查、申报的情形，有利于保护的科学性。

● 第二十六条　对非物质文化遗产代表性项目集中、特色鲜明、形式和内涵保持完整的特定区域，当地文化主管部门可以制定专项保护规划，报经本级人民政府批准后，实行区域性整体保护。确定对非物质文化遗产实行区域性整体保护，应当尊重当地居民的意愿，并保护属于非物质文化遗产组成部分的实物和场所，避免遭受破坏。

实行区域性整体保护涉及非物质文化遗产集中地村镇或者街区空间规划的，应当由当地城乡规划主管部门依据相关法规制定专项保护规划。

【释义】本条是关于对非物质文化遗产的区域性整体保护制度。以文化生态区保护方式为主导的整体性保护，不仅创造了特定区域，制定可行规划，采取融自然环境、文化遗产于一体的对非遗整体保护的方式，更在此基础上，进一步发展为结合空间文化的具体而独特的社区、村镇、街道等，有序推进区域性整体保护方式的新探索和新实践。

● 第二十九条 国务院文化主管部门和省、自治区、直辖市人民政府文化主管部门对本级人民政府批准公布的非物质文化遗产代表性项目，可以认定代表性传承人。

非物质文化遗产代表性项目的代表性传承人应当符合下列条件：（一）熟练掌握其传承的非物质文化遗产；（二）在特定领域内具有代表性，并在一定区域内具有较大影响；（三）积极开展传承活动。

认定非物质文化遗产代表性项目的代表性传承人，应当参照执行本法有关非物质文化遗产代表性项目评审的规定，并将所认定的代表性传承人名单予以公布。

【释义】本条是关于非物质文化遗产代表性项目的代表性传承人认定制度的规定。这里的代表性传承人，是指符合本条第二款规定条件的传承人。这些条件包括：熟练掌握某项非物质文化遗产代表性项目；在特定领域内具有代表性，并在一定区域内具有较大影响；积极传承其掌握的非物质文化遗产代表性项目。本条内容可以概括为以下三个方面。

1. 代表性传承人的认定主体及认定范围

国务院文化主管部门和省、自治区、直辖市人民政府文化主管部门是认定本级人民政府批准公布的非物质文化遗产代表性项目的代表性传承人的主体。

非物质文化遗产是依靠人的口传心授延续至今的，认定并支持代表性传承人开展传承活动，建立以人为核心的、科学有效的传承机制，是本法的一项重要制度。认定代表性传承人是一项严肃细致的工作，意义深远、责任重大。国务院文化主管部门和各省、自治区、直辖市人民政府文化主管部门在履行这项职责时，一是要全面掌握非物质文化遗产代表性项目的现状、价值、传承范围、传承谱系、社会影响等；二是要明确非物质文化遗产保护工作应该达到的目标和具体保护要求，并确定是否需要认定代表性传承人；三是要确保认定过程的公开、公平、公正。只有这样，才能使支持非物质文化遗产代表性项目传承、传播的行政资源得到合理配置，充分体现政府行使公共文化服务的职能。

关于认定范围，国务院文化主管部门和省、自治区、直辖市人民政府文化主管部门只能对本级人民政府批准公布的非物质文化遗产代表性项目，认定代表性传承人。这里有两层意思：一是一项非物质文化遗产，只有被批准公布为非物质文化遗产代表性项目后，才可以认定代表性传承人。二是一项非物质文化遗产，即使被批准公布为非物质文化遗产代表性项目，也并不等于必然要认定代表性传承人。由于非物质文化遗产代表性项目种类繁多、形态各异，流传时间和流传区域差异很大，生存现状和对保护程度的要求也不尽相同，是否需要认定代表性传承人，要根据实际情况而定。需要指出的是，"代表性传承人"这一名称强调"代表性"。这是因为，一项具体的非物质文化遗产，可能有许多传承人，国家只能认定其中最具代表性和影响力的传承人给予重点支持。但是，被认定为某项非物质文化遗产的代表性传承人，并不意味着对该项非物质文化遗产具有独占性，更不意味着其他人就不能传承该项非物质文化遗产了。另外，代表性传承人可能是一个人，也可能是多个人，这要根据非物质文化遗产代表性项目的特点、传承谱系、传承现状等因素确定。

2. 代表性传承人的认定条件

为了使代表性传承人制度具有权威性和公信力，符合制度设立的初衷，真正发挥其应有的作用，对代表性传承人必须规定相应的条件。2005年，国务院办公厅《关于加强我国非物质文化遗产保护工作的意见》明确提出："建立科学有效的非物质文化遗产传承机制。对列入各级名录的非物质文化遗产代表作，可采取命名、授予称号、表彰奖励、资助扶持等方式，鼓励代表作传承人（团体）进行传习活动。"2007—2009年，文化部相继评定并公布了三批共1488名国家级非物质文化遗产代表性项目代表性传承人。本法在总结实践经验的基础上，对代表性传承人规定了三个条件，只有同时符合这三个条件才能被认定为代表性传承人。

（1）熟练掌握其传承的非物质文化遗产。熟练掌握其传承的非物质文化遗产才可以算是传承人，代表性传承人首先必须是传承人，这是对代表性传承人的基础要求，是起点条件。至于何种程度可谓"熟练掌握"，则属于学术范畴，由各方面专家、学者根据该项非物质文化遗产的特点、分布情况，以及该传承人的实践水平评估确定。例如，对于香云纱制作技艺，熟练掌握可能意味着传承人不仅能够执行十几道复杂的技术操作，还要对工艺的历史和文化背景有深入的理解。专家和学者将基于这些标准，对传承人的技艺水平进行细致的评估，以确定其是否达到了代表性传承人的要求。

（2）在特定领域内具有代表性，并在一定区域内具有较大影响。这是对代表性传承人"代表性"的要求。其中，"在特定领域内具有代表性"是对其在该项非物质文化遗产行业内的评价，通过专家学者的评选和同行公认来判断其代表性的程度；"在一定区域内具有较大影响"是对其社会影响力的判断，即在该项非物质文化遗产所流传的区域内，该代表性传承人在社会公众中有较高的知名度。以香云纱为例，梁珠于1935年出生，1951年就开始掌握香云纱制作的生产流程及全套染整技艺，在当地有着较大影响，2022年6月入选国家级非物质文化遗产代表性传承人。

（3）积极开展传承活动。这是对代表性传承人进行传承活动的要求，是其主观意愿和客观实践的具体表现。熟练掌握某项非物质文化遗产，被行业、社会公认具有代表性，但如果其主观上没有培养后继人才、传承非物质文化遗产的意愿，客观上也没有开展授徒、传艺等传承活动，是不能被认定为代表性传承人的。这是因为，国家认定代表性传承人是为了使非物质文化遗产代表性项目能够传承下去并得以弘扬，如果被认定者不开展授徒、传艺等传承活动，这个目标就不可能实现，从而有悖于制度设计的初衷。

3. 代表性传承人的认定程序

代表性传承人认定制度是本法的一项重要制度，关系到代表性传承人的荣誉，涉及政府对代表性传承人采取的支持和帮助措施。因此，除了认定主体、认定范围、认定条件方面的要求外，认定程序的要求也至关重要。为了保障代表性传承人认定过程的公开、公平和公正，本法要求国务院文化主管部门和省、自治区、直辖市人民政府文化主管部门，参照执行本法有关非物质文化遗产代表性项目评审的规定，并以此来认定代表性传承人。由此可见，本法对代表性传承人认定程序的设计与非物质文化遗产代表性项目名录制度一样，是非常细致严谨的。

根据《非遗法》相关规定，非物质文化遗产代表性项目认定代表性传承人需要经过以下程序。

（1）初步筛选。各级文化部门首先对申报项目进行筛选，确保入选的都是精品。

（2）审核评审。省级文化部门邀请专家进行评审，提出推荐名单。

（3）公示。拟推荐的项目会进行公示，广泛征求大家的意见。

（4）审批。最后由文化和旅游部进行审批，公布入选名单。

根据《非遗法》的规定，国家级非物质文化遗产代表性项目经过推荐、专家评审小组初评、专家评审委员会审议、公示征求公众意见等程序后，由文化和旅游部报国务院批准公布。国家级非物质文化遗产代表性项目如果需要认定代表性传承人，也必须经过推荐、专家评审小组初评、专家评审委员会审议、公示征求公众意见等程序。

第三节　纺织类非物质文化遗产行政法保护典型案例

一、纺织类非遗传承人认定和退出相关案例

（一）相关法律规定

2019年12月25日，文化和旅游部发布《国家级非物质文化遗产代表性传承人认定与管理办法》（以下简称《办法》）。以部门规章的形式，规定了非遗传承人的认定机构、认定条件、认定材料和程序、传承人的义务等内容，同时也建立了非遗传承人的退出机制。

《办法》第八条明确了非遗传承人的四条标准：（一）长期从事该项非物质文化遗产传承实践，熟练掌握其传承的国家级非物质文化遗产代表性项目知识和核心技艺；（二）在特定领域内具有代表性，并在一定区域内具有较大影响；（三）在该项非物质文化遗产的传承中具有重要作用，积极开展传承活动，培养后继人才；（四）爱国敬

业，遵纪守法，德艺双馨。

在非遗传承人退出机制方面，《办法》第二十二条则作出更为具体的规定。五种情况可以取消传承人资格：（一）丧失中华人民共和国国籍的；（二）采取弄虚作假不正当手段取得资格的；（三）无正当理由不履行义务，累计两次评估不合格的；（四）违反法律法规或者违背社会公德，造成重大不良社会影响的；（五）自愿放弃或者其他应当取消国家级非物质文化遗产代表性传承人资格的情形。

（二）纺织类非遗传承人认定

以2024年文化和旅游部发布第六批国家级非物质文化遗产代表性传承人推荐人选公示名单为例，在纺织非遗项目中，传统美术类有顾绣、苏绣、粤绣、蜀绣、苗绣、湟中堆绣、瓯绣、汴绣、宁夏刺绣、维吾尔族刺绣、满族刺绣、发绣、厦门珠绣、彝族刺绣、布依族刺绣、藏族刺绣等项目的20余人入选；在传统技艺类中，有宋锦织造技艺、苏州缂丝织造技艺、黎族传统纺染织绣技艺、蓝印花布印染技艺、蜡染技艺、蚕丝织造技艺、传统棉纺织技艺、毛纺织及擀制技艺、苗族织锦技艺、香云纱染整技艺、地毯织造技艺、鄂伦春族狍皮制作技艺、满族旗袍制作技艺、花边制作技艺、佤族织锦技艺、传统帐篷编制技艺等项目的20余人入选；在民俗类中，有惠安女服饰、苗族服饰、瑶族服饰、蚕桑习俗（扫蚕花地）、藏族服饰、塔吉克族服饰、达斡尔族服饰等项目的8人入选。

案例一：梁淑平被认定为京绣非遗传承人。梁淑平是河北省保定市定兴县南大牛村人，15岁起跟随父亲学习京绣技艺，精通各种刺绣针法。她在继承传统的基础上进行了许多创新和发明，作品层次感丰富，充分利用现代新材料、新工艺和新技术的成果，生产的百余种京绣产品销往全国各大中城市，并远销海外。梁淑平不仅在技艺上有所成就，还成功创办了自己的京绣小作坊，并在创业过程中克服了诸多困难，最终使京绣小作坊蒸蒸日上，出口贸易日渐兴盛。梁淑平同时符合非遗传承人的四条标准，被认定为国家级非遗传承人。

案例二：李素芳被认定为瑶绣非遗传承人。瑶绣是贺州众多非物质文化遗产之一，是散落在贺州众多文化瑰宝中的一张名片。李素芳和瑶绣的第一次邂逅，是在一场婚礼上。当她看到新娘身着瑶绣制作的婚服走出来时，被惊艳到了。由此，她萌生了创业将瑶绣和瑶族服饰传播出去的念头。凭借着从小耳濡目染的手艺，2004年，李素芳在八步区贺街镇开办了人生中第一家瑶绣工作室，没想到工作室一开张就吸引了不少顾客。能刺绣、会制衣，还会依据村民拿来的老绣片或者绣片留存图片设计符合他们意愿的头饰、袖饰、襟饰、腰饰……一时间，贺州各个瑶族村寨的村民纷纷找到李素芳，让她帮忙修复、制作民族服饰。

与此同时，瑶绣成了李素芳对外交流的媒介，她的瑶绣作品不仅能满足大众的审美需求，2015年还被联合国选用，印在会议笔记本上，还登上了北京2022年冬奥会开幕式舞台……但更多时候，她是在100多平方米的工作室中，与来自五湖四海的朋友分享瑶绣的故事；在教室里，给学生讲述瑶绣的历史，传承瑶绣技艺。2023年12月21日，国家级非物质文化遗产瑶族服饰代表性传承人李素芳身着瑶族盛装，自信地站上第七届中国纺织非物质文化遗产大会开幕仪式的舞台，当选2023年度中国纺织非遗推广大使。

案例三：黎凤珍被认定为广西南丹瑶族服饰非遗传承人。黎凤珍从小跟着长辈学习服饰制作技艺。瑶族服饰取材自然，制作一件传统女子盛装，常常耗时一年半左右。制作工艺包括弹棉花、织布、粘膏画、浸染、刺绣等36道大工序，100多道小工序。随着技艺不断提升，黎凤珍来到瑶寨小学、芒场镇中心小学、八圩中学等学校，担任"瑶族刺绣传承班"授课老师，在县域内开展瑶族服饰技艺传习活动，培训人员1600人次。她先后开设南丹县凤珍蓝靛染布坊和南丹县朵努手工坊，探索出"工坊+合作社+农户"模式，由工坊认购农户订单。两个工坊年营业收入超过200万元，累计带动100余户农村妇女居家就业。黎凤珍通过广泛传播非遗的制作技艺，符合非遗传承人的条件。

案例四：王小琴被认定为陕西宁强羌绣非遗传承人。2015年，王小琴带着在服装行业打拼多年的经验回到家乡宁强县，成立公司从事羌绣的设计研发、加工生产与销售。用了数年时间，王小琴走遍了宁强县的各个村落，寻找羌绣爱好者，鼓励她们重拾针线。她还组织免费培训，教大家刺绣技艺，签订产品回收协议，让姐妹们安心制作绣片而无后顾之忧。在县里相关部门支持下，王小琴成立了10个羌绣传习基地、6个专业合作社、3个社区工厂，吸纳1700多名绣娘就业，其中有高级绣娘50余人、中级绣娘600余人。指尖技艺带来了发展亮点，传统宁强羌绣焕发生机。注重挖掘羌绣传统魅力的王小琴，也走入专业院校学习刺绣先进理念；邀请设计团队，在古朴艺术中融入新潮元素。因此，王小琴被认定为省级非物质文化遗产项目宁强羌绣传承人。

案例五：邓红英被认定为菏泽市牡丹区区级非遗项目红英鲁锦纺织技艺传承人。鲁锦俗称"土布""粗布"。工艺流程有72道工序。主工序可以概括为18道，分别为采棉、轧花、弹花、纺线、打线、染线、浆线、沌线、落线、经线、刷线、做缯、掏缯、吊机、栓布、做穗、织布、了机。鲁锦是用彩色棉线分经纬织造而成，因其几何图案绚丽似锦，所以叫"鲁锦"。为了推动非遗的传承创新，菏泽市设立了鲁锦文化展示体验中心，支持传承人传习授徒，加快将工艺产品推向市场，进一步提升传承人技能艺能。邓红英即在积极宣传推广鲁锦，并参加鲁锦的传播活动。如今，鲁锦变身服饰、床品、茶席等，为更多人所知，也日益为生活赋彩。鲁锦以前被称为"土布"，但发展至今，无论是织造工艺、图案设计，还是色彩使用、民俗寓意，鲁锦并不"土"。邓红英继承了奶奶和母亲精湛的"鲁锦"纺织技艺，致力于让鲁锦产业"活"起来，希望通过传承、创新、创业，推动大众参与，推动鲁锦产业发展。

（三）纺织类非遗传承人退出

实行传承人退出机制，对于入选传承人名录的人来说，是一个有力的警醒，能促进与增强传承人传承与传播非遗的自觉意识。激活非遗传承人制度中的退出机制，对非遗传承人进行定期评估的动态管理，对于完善非遗传承人制度，保障传承人制度的活力、公正与尊严是及时且必要的。

案例分析：作为民族文化传承的"活化石"，非遗历来受到人们的重视。但是长期以来，"重申报、轻保护"却是非遗保护中碰到的顽疾。有些是传承人自身意识不强，履行义务不力；有些则是不能独立履行传承义务。

苏州、连云港是全国率先实施传承人退出机制的城市。2019年，苏州市公布了该市市级非遗项目传承人评估结果。实际参加评估的235位市级代表性传承人中，有9位评估不合格，按照规定，如果连续2次考核不合格将取消其传承人资格。连云港市取消了"汤沟风筝制作工艺""花果山传说""抬阁""贝贴画"4个项目的市级非遗名录项目代表性传承人资格，同时对"云绣"非遗项目的季某等7名传承人予以约谈警告，停发一年传承人补助。苏州花线制作技艺的王某和褚某被公布为不合格的传承人。

近年来，河北省对国家级和省级传承人进行审核，采取地方自审与省厅审核相结合的方式，在传承人自查、自审的基础上，最终采取考察座谈、面试答辩、实地核查等方式，对全省包含纺织类非遗传承人在内的536名国家和省级传承人进行了年度审核认证。其中528人通过审核，1人给予警告，4人由于身体原因丧失传承能力的仍保留传承人资格，3人取消代表性传承人资格并停止发放传承人补助。

"退出"是为了更好地保护。退出机制建立的初衷，是为了杜绝"重申报、轻保护"现象，也是为了从源头保护非遗文化。此举缓解了"头衔热""大师热"的乱象。"传承人"原本只是一种称谓，但由于当前社会对类似头衔的追捧，加上金钱资本的涌动，"传承人"头衔直接提高了艺人作品的市场价格。如此一来，非遗保护在一些人身上就显得不那么纯粹，也没有起到保护的作用。因此，退出机制的实行显得迫切而有必要。退出机制有助于纠正短视行为和功利主义，警示人们不能以获取利益的大小来衡量非遗保护工作。如果放任投机心态和利益欲望，我们只可能离"非遗"保护越来越远。退出制度的施行，将为盲目的申报热降温，引导各地将重心从"申报"转移到"保护"上。

非遗传承人的评选和管理本就应该是动态的。传承人如果不再有代表性，不能起到带头展示和宣传的作用，就应该被取消资格；如果有人符合传承条件，就应该被补到传承人名录中。一些传承人被取消资格并非技艺不精，而是没有传播的能力，而一些有传播能力的人，却无法得到代表性传承人的资格。传承人不应该仅是身份，更应该是一种责任和担当。

破除传承人的终身符号，让传承有进有出，才能更高效地传承、传习、传播非遗文化，开发利用好非遗。评选传承人只是手段，而非目的。退出机制也是为了真正用好传承人，让传承人握好手中的接力棒，让非遗留得住、传得广。

二、"镇湖刺绣"知识产权保护行政公益诉讼案

（一）案例基本情况

2006年5月20日，苏绣经国务院批准列入第一批国家级非物质文化遗产名录，遗产编号为Ⅶ-18。江苏省苏州市虎丘区镇湖街道是苏绣的主要发源地，2010年"镇湖刺绣"被列为国家地理标志产品予以保护。2023年初，多名绣娘通过"苏绣检察服务中心""苏绣E检通"微信小程序向检察机关反映苏绣知识产权纠纷频发，主要表现为机绣冒充手工绣充斥市场、苏绣产品外观设计专利权纠纷和苏绣底稿著作权纠纷频发。上述情况不仅损害消费者合法权益，也严重影响绣娘创作、企业经营和苏绣产业发展，不利于国家非物质文化遗产和地理标志的保护和传承，社会公共利益受到侵害。

（二）检察机关履职情况

江苏省苏州市虎丘区人民检察院（以下简称虎丘区检察院）经线索研判后认为，苏绣作为国家级非物质文化遗产，是中华民族传统文化的重要组成部分。"镇湖刺绣"是国家地理标志产品，是保护和传承中华优秀传统文化的鲜活载体。2023年4月18日，虎丘区检察院对苏绣保护问题以行政公益诉讼方式立案。

检察机关经调查查明，苏绣在著作权、商标、外观设计专利、地理标志等知识产权方面存在保护难的问题。虎丘区检察院向苏州高新区（虎丘区）市场监督管理局（知识产权局）（以下简称虎丘区市场监管局）制发行政公益诉讼检察建议，建议其对销售伪劣苏绣产品行为进行查处，加强"镇湖刺绣"地理标志保护工作，加大对苏绣非物质文化遗产的保护力度。虎丘区市场监管局收到检察建议后高度重视，对辖区内机绣冒充手工绣、生产不符合地理标志产品——镇湖刺绣标准的行为加大查处力度，完善苏绣知识产权侵权行为投诉举报机制，警告、约谈相关商户9次，调解绣娘间知识产权交易纠纷5起，维护了辖区苏绣市场交易秩序。

为加强源头治理，提升行业自律水平和依法维权意识，虎丘区检察院通过社会治理检察建议推动镇湖刺绣协会加强刺绣市场管理及知识产权保护，着力打造"镇湖刺绣"品牌。镇湖刺绣协会高度重视，全面排查苏绣知识产权权属情况，利用苏绣版权交易平台，鼓励苏绣创作者开展版权登记，总结苏绣的原创设计，做好专利申请和维权。镇湖刺绣协会先后帮助协会成员申请注册商标27件、发明专利20件、外观设计专利近百件，同时发挥行业协会的优势，积极采用调解、和解方式解决知识产权纠纷，增强权利人依法维权意识，加大普法宣传力度，提升行业自律水平。

虎丘区检察院通过调研发现苏绣保护中面临的难点、堵点问题，牵头协调行政机关及行业协会共同制定《关于促进镇湖苏绣产业发展的若干意见》，推动建立全区"苏绣品牌法治保障中心"，强化各方在司法联动、行刑衔接、协同保护等方面的协作力度。同时，虎丘区检察院制定出台《加强苏工苏作知识产权保护工作指引》，助推优秀传统文化的保护传承和创新发展。

（三）案例的典型意义

（1）以公益诉讼案件为切入点，保护非物质文化遗产和地理标志产品。地理标志产品是指产自特定地域，所具有的质量、声誉或者其他特性本质上取决于该产地的自然因素、人文因素的产品。地理标志产品蕴含着区域特有的自然生态环境和历史人文因素，是对产品质量和信誉的保障。检察机关在履职中要聚焦非物质文化遗产和地理标志产品在保护和传承中的问题，梳理传统文化可能涉及的商标权、著作权、专利权、地理标志等不同知识产权类型受到侵害的具体表现，统筹运用多种检察职能，通过行政公益诉讼检察建议、社会治理检察建议、司法与行政执法衔接、普法宣传等多种方式，积极构建符合传统文化领域知识产权案件特点的综合履职模式，依法保护非物质文化遗产和地理标志产品。

（2）加强协同保护，促进社会治理。非物质文化遗产和地理标志产品保护工作需要司法机关、市场监管部门、知识产权管理部门等共同开展，需要协同多部门共商良策。检察机关应加强知识产权综合保护，充分发挥公益诉讼协同优势，通过圆桌磋商、检察建议、会签协作机制等方式，推动各部门共同履职，使知识产权协同保护成为传统文化产业创新发展的强大动力；充分发挥行业协会联络企业的优势作用，深入走访调查、实地调研、座谈交流，以检察建议促进行业治理水平提升，形成保护非物质文化遗产和地理标志产品的合力，营造传统文化领域知识产权保护共建、共治、共享的良好局面。

课后习题

（1）我国关于非物质文化遗产保护的法律法规有哪些？

（2）简述非遗传承人退出机制的主要内容。

（3）简述《非遗法》中关于区域性整体保护制度的主要内容。

课后实践

请阅读以下案例，并结合所学知识分析提出的问题。

非遗的调查与保护制度是《非遗法》规定的重要制度，也是传承和发展非遗产业的前提。以黎锦为例，应当落实调查与保护制度，以推动其产业发展。黎锦技艺是黎族妇女利用棉、麻等纤维制作衣物等生活用品的传统手工艺，迄今已有三千多年的历史。2006年，黎锦作为第一批国家级非遗被列入保护名录；2010年，又被联合国教科文组织列入"急需保护的非物质文化遗产"名录。

东方黎锦的基本情况：东方市现有织娘近4000人，其中国家级传承人1人（符林早），省级传承人4人，市级传承人93人。东方市现有黎锦技艺传习所3家（报白、玉道、西方），黎锦产品展示馆4家（东方黎锦文化中心、东方市三月三非遗"两馆"、玉道传习所、东河镇黎锦大楼符进平黎锦展示馆）。目前东方市已有黎锦企业3家和黎锦专业合作社7家。

东方黎锦传承与保护情况：为做好东方黎锦的品牌打造工作，2018年东方市文化馆前后历时两年申报"东方黎锦"地理标志证明商标，于2020年3月20日成功获得国家知识产权局颁发的"东方黎锦"地理标志证明商标证书，核准在"国际分类24类（黎锦纺织织物）"和"国际分类25类（黎锦服装）"上使用"东方黎锦"这一地理标志证明商标。

目前已成功举办4次"千人织黎锦活动"。2022年，东方市文化馆完成《千年黎锦、指尖传承》的黎锦记忆保护与传承电视专题片的拍摄工作，撰写黎锦专业书籍《黎锦技艺的传承价值与创新开发》。

加强对黎锦技艺的传承与保护。东方市委、市政府专门设立了黎族传统纺染织绣技艺传承馆，建立了黎锦原材料种植基地和黎锦传习所，将大田镇报白村、玉道村和东河镇西方村列为黎锦传承村，并在全市各民族中小学和思源学校、第二思源学校开设了黎锦技艺课程，黎锦技艺的传承与保护工作得到落实。

存在的问题：一是产品设计能力不足，无法与市场相结合，更缺乏爆品。二是产品地标性不强，IP不明晰，标签不明显，文化内容缺少解读，没有代表当地的符号内容和元素，对纹样的理解与溯源没有深挖，无法体现当地特色。农民合作社的手工织锦为追逐市场，质量图案都不考究，农民作品与设计作品目前最大的区别在构图和色彩上，影响文化价值提升。三是销售手段单一且传统，相较于当下多种多样的营销手段，目前当地营销策略过于保守，并且销售价格虚高，特别是一些景区。因黎锦技艺十分复杂，生产耗时，成本较高，价格昂贵，造成大多数人望而却步，只有政府或单位消费。

问题：

（1）东方黎锦是如何落实《非遗法》中的调查、传承与传播制度的？请结合具体措施进行说明。

（2）根据案例中的材料，简述破解黎锦目前存在的问题的方法。

第四章 我国纺织类非物质文化遗产的知识产权法保护

本章主要介绍了我国非物质文化遗产知识产权法立法现状，对知识产权保护相关法律进行了解读，并分析了纺织类非物质文化遗产知识产权法保护相关典型案例。

第一节 我国非物质文化遗产法律保护的知识产权法概述

作为拥有灿烂文化的文明古国，我国有大量非物质文化遗产需要保护。随着社会经济的发展，人们愈加重视知识产权的保护，而运用知识产权制度保护非物质文化遗产已成为一种行之有效的方法。为此，我国在国家和地方层面，从专门立法到其他法律规定，制定了一系列关于非遗知识产权保护的法律法规。

经过长期探索，我国的非遗知识产权保护立法在增强知识产权保护意识、提高非遗立法质量、规制知识产权侵权行为、构建具有中国特色的非遗法治保护体制机制等方面发挥了积极作用。

从立法层级上看，非遗知识产权的相关法律法规可以分为国家层面和地方层面。

一、国家关于非物质文化遗产知识产权法保护的立法实践

在我国非物质文化遗产的相关立法中，涵盖了非遗知识产权保护的内容。除《中华人民共和国非物质文化遗产法》等法律法规外，我国还制定了一系列关于知识产权的专门立法，如《中华人民共和国著作权法》《中华人民共和国商标法》《中华人民共和国专利法》《著作权集体管理条例》《中华人民共和国著作权法实施条例》《实施国际著作权条约的规定》等。最高人民法院也制定了多项司法解释，包括《最高人民法院关于审理著作权民事纠纷案件适用法律若干问题的解释》《最高人民法院关于审理商标民事纠纷案件适用法律若干问题的解释》《最高人民法院关于审理侵犯专利权纠纷案件应用法律若干问题的解释》。这些法律法规和司法解释共同构成了国家层面非物质文化遗产知识产权保护的法律体系。此外，《中华人民共和国民法典》等专门立法也涉及非遗保护。《"十四五"非物质文化遗产保护规划》明确提出，加强非遗知识产权保护的研究和探索，综合运用著作权、商标权、专利权、地理标志等多种手段，建立非遗获取和惠益分享保护制度。

二、地方关于非物质文化遗产知识产权法保护的立法实践

在知识产权立法方面，全国共有包括上海市、辽宁省、山东省等15个省级行政区制定了关于知识产权保护的地方性法规；汕头、深圳、厦门、长沙等11个地级市也制定了相关法规。为了推动知识产权立法和司法工作，最高人民法院也加强了知识产权法院和法庭的建设。到目前为止，全国知识产权法院/法庭已经形成"1+4+26"知识产权大保护格局。其中，"1"是最高人民法院知识产权法庭；"4"是北京知识产权法院、上海知识产权法院、广东知识产权法院、海南自由贸易港知识产权法院等四家专门知识产权法院；"26"是成都、南京、苏州、武汉、合肥、杭州、宁波、福州、济南、青岛、深圳、西安、天津、长沙、郑州、南昌、长春、兰州、厦门、乌鲁木齐、景德镇、重庆、沈阳、温州、无锡、徐州等26个城市设立专门的知识产权法庭。

第二节　我国非物质文化遗产知识产权法保护相关法律解读

一、我国著作权制度中的非物质文化遗产法律保护的主要条文释义

非物质文化遗产的著作权保护相关内容，主要在《中华人民共和国著作权法》（以下简称《著作权法》）等法律中进行规定。

《中华人民共和国民法典》中规定了民事主体享有知识产权的七类客体。《著作权法》中关于非遗保护的制度主要有著作权取得制度、著作权合理使用制度、著作权许可使用制度、著作权集体管理制度等内容。《著作权法》是有关获得、行使和保护著作权以及与著作权有关的权利的法律。著作权是法律赋予作者因创作文学、艺术和科学作品而享有的专有权利。

导学视频5

根据《著作权法》的规定：第一，享有著作权的主体主要是作者，也可以是除作者之外的其他依照本法享有著作权的公民、法人或其他组织。第二，著作权的客体是作品，包括文学、艺术和科学技术领域内的作品。需要指出的是，受《著作权法》保护的作品应当具备以下几个条件：一是须满足独创性要求，即由作者独立创作完成，而非抄袭他人且能达到一定的创作高度；二是须属于文学、艺术和科学技术范围内的创作；三是须具有一定的表现形式。第三，著作权的内容主要是著作权人的权利义务。著作权人对其作品享有人身权和财产权，如发表权、署名权、广播权、放映权等。同时，著作权人也应尽一定的义务，即对其权利作了适当的限制。第四，著作权的特点，一是自动性，即作者因创作作品自动产生著作权，不必履行登记、注册手续；二是专有性，即除权利人同意或法律规定外，任何人不得享有或使用该项权利；三是地域性，即除加入国际公约或缔结双边协定外，一个国家法律所保护的某项权利只在该国范围内发生法律效力；四是时间性，即法律对各项权利的保护，除署名权、修改权、保护作品完整性不受保护期的限制外，其他权利都有一定的保护期限。

● 第三条　本法所称的作品，是指文学、艺术和科学领域内具有独创性并能以

一定形式表现的智力成果，包括：文字作品，口述作品，音乐、戏剧、曲艺、舞蹈、杂技艺术作品，美术、建筑作品，摄影作品，视听作品，工程设计图、产品设计图、地图、示意图等图形作品和模型作品，计算机软件，符合作品特征的其他智力成果。

【释义】本条是关于著作权客体的规定，即规定《著作权法》所称的作品应具备的条件和作品的具体表现形式。

第一，须满足独创性要求。即由作者独立创作完成，而非抄袭他人且能达到一定的创作高度。著作权保护的非物质文化遗产要具有原创性。如果是对于非物质文化遗产表达形式没有实质性提升的设计，则不能形成新的作品或著作权。例如，苏绣是我国国家级非物质文化遗产，在创作时需要以图样为基础，国画、油画等多种元素已经成为刺绣作品的原始素材。某苏绣经营者未经油画《贵妃醉酒》的创作者刘某同意而使用该油画作为底稿而被诉侵权，其原因就是在苏绣创作时油画和刺绣底稿具有高度相似性，并没有对油画进行实质性提升设计，因而不具有原创性，不享有著作权。

第二，须属于文学、艺术和科学技术范围内的创作。比如纺织类非遗中的刺绣针法技艺、双面绣技艺等等，传承人通过对技艺手法的创新，使其制作过程或者工艺有一定的技术沉淀，因此应当赋予其著作权。

第三，须具有一定的表现形式。即作者须以文字、言语、符号、声音、动作、色彩等一定的表现形式将其无形的思想表达出来，使他人通过感官能感觉其存在，如果无一定的表现形式，思想仅存在于脑海之中，他人无法感知，则不能称为作品。

● 第二十四条　在下列情况下使用作品，可以不经著作权人许可，不向其支付报酬，但应当指明作者姓名或者名称、作品名称，并且不得影响该作品的正常使用，也不得不合理地损害著作权人的合法权益：

（一）为个人学习、研究或者欣赏，使用他人已经发表的作品；（二）为介绍、评论某一作品或者说明某一问题，在作品中适当引用他人已经发表的作品；（三）为报道新闻，在报纸、期刊、广播电台、电视台等媒体中不可避免地再现或者引用已经发表的作品；（四）报纸、期刊、广播电台、电视台等媒体刊登或者播放其他报纸、期刊、广播电台、电视台等媒体已经发表的关于政治、经济、宗教问题的时事性文章，但著作权人声明不许刊登、播放的除外；（五）报纸、期刊、广播电台、电视台等媒体刊登或者播放在公众集会上发表的讲话，但作者声明不许刊登、播放的除外；（六）为学校课堂教学或者科学研究，翻译、改编、汇编、播放或者少量复制已经发表的作品，供教学或者科研人员使用，但不得出版发行；（七）国家机关为执行公务在合理范围内使用已经发表的作品；（八）图书馆、档案馆、纪念馆、博物馆、美术馆、文化馆等为陈列或者保存版本的需要，复制本馆收藏的作品；（九）免费表演已经发表的作品，该表演未向公众收取费用，也未向表演者支付报酬，且不以营利为目的；（十）对设置或者陈列在公共场所的艺术作品进行临摹、绘画、摄影、录像；（十一）将中国公民、法人或者非法人组织已经发表的以国家通用语言文字创作的作品翻译成少数民族语言文字作品在国内出版发行；（十二）以阅读障碍者能够感知的无障碍方式向其提供已经发表的作品；（十三）法律、行政法规规定的其他情形。

【释义】本条规定了著作权合理使用的情形。

以刺绣为例，我国许多地方的刺绣都是著名的非物质文化遗产，诸如苏绣、鲁绣等。苏绣博物馆中展出的历代苏绣作品由于已经进入公有领域，因此不属于受著作权保护的作品。同理，对历史上著名刺绣临摹的刺绣也不会受到著作权的保护，因为刺绣所形成的美术图案早已进入公有领域，对刺绣的临摹属于合理使用，不构成侵权。"黄梅挑花"是第一批国家级非物质文化遗产，为纯粹的手工活，由当地农家妇女一代代传承。有关部门采取一系列措施，对其主要流传地、代表性传承人和经典作品等进行了重点保护。黄冈市版权局调查取证后查明，某公司生产的"黄梅挑花"有300多个品种，其中"必胜宝宝""平安宝宝"等14种图案严重侵犯了"黄梅挑花"民间传承人的著作权。该公司相关图案均未得到权利人的使用许可，也从未支付过报酬。该公司的做法不属于合理使用的范畴，应当得到权利人的使用许可并支付报酬。

二、我国商标制度中的非物质文化遗产法律保护的主要条文释义

商标制度主要由《中华人民共和国商标法》（以下简称《商标法》）进行规范，关于非物质文化遗产商标保护的主要制度包括：商标注册异议制度、驰名商标保护制度、商标专用权保护制度、禁止抢注他人商标制度等。

导学视频6

1. 商标注册异议制度

商标注册异议制度规定在《商标法》第三十五条第一款和第二款中。

● 第三十五条　对初步审定公告的商标提出异议的，商标局应当听取异议人和被异议人陈述事实和理由，经调查核实后，自公告期满之日起十二个月内做出是否准予注册的决定，并书面通知异议人和被异议人。有特殊情况需要延长的，经国务院工商行政管理部门批准，可以延长六个月。

商标局做出准予注册决定的，发给商标注册证，并予公告。异议人不服的，可以依照本法第四十四条、第四十五条的规定向商标评审委员会请求宣告该注册商标无效。

【释义】本条是关于商标注册异议制度的规定。

商标注册异议制度是指自然人、法人或者其他组织在法定期限内，对他人向商标局提交了注册申请的商标提出不同意见，请求商标局撤销对该商标的初步审定，由商标局依法进行裁定的制度。对于非物质文化遗产商标保护，如果非遗商标所有人发现有人抢注商标的情形，则可以启动商标注册异议程序，请求商标局予以撤销。

2. 驰名商标保护制度

驰名商标保护制度规定在《商标法》第十三条、第十四条第一款中。

● 第十三条　为相关公众所熟知的商标，持有人认为其权利受到侵害时，可以

依照本法规定请求驰名商标保护。

就相同或者类似商品申请注册的商标是复制、摹仿或者翻译他人未在中国注册的驰名商标，容易导致混淆的，不予注册并禁止使用。

就不相同或者不相类似商品申请注册的商标是复制、摹仿或者翻译他人已经在中国注册的驰名商标，误导公众，致使该驰名商标注册人的利益可能受到损害的，不予注册并禁止使用。

● 第十四条　驰名商标应当根据当事人的请求，作为处理涉及商标案件需要认定的事实进行认定。认定驰名商标应当考虑下列因素：

（一）相关公众对该商标的知晓程度；

（二）该商标使用的持续时间；

（三）该商标的任何宣传工作的持续时间、程度和地理范围；

（四）该商标作为驰名商标受保护的记录；

（五）该商标驰名的其他因素。

【释义】本条是关于驰名商标保护制度的规定。

对于驰名商标的保护应当从以下三个方面入手：一是禁止不当注册。将与他人驰名商标相同或近似的商标在非类似商品上申请注册，且可能损害驰名商标注册人权益的，商标局可以驳回其注册申请；已经注册的，驰名商标注册人可以请求商标评审委员会予以撤销。二是禁止不当使用。将与他人驰名商标相同或者近似的商标使用在非类似的商品上，且会暗示该商品与驰名商标注册人存在某种联系，从而可能使驰名商标注册人的权益受到损害的，驰名商标注册人可请求工商行政管理机关予以制止。三是禁止作为商号使用。自驰名商标被认定以后，他人将与该驰名商标相同或近似的文字作为企业名称的一部分使用，可能引起公众误认的，工商行政管理机关不予登记；已经登记的，驰名商标注册人可以请求予以撤销。《商标法》第十三条中将驰名商标的保护扩展至非类似商品或服务上，正式以立法形式确立了对驰名商标的扩张保护。

3. 商标专用权保护制度

商标专用权保护制度规定在《商标法》的第一条、第三条第一款、第四条、第五十六条、第五十七条等十六个条文中。

● 第一条　为了加强商标管理，保护商标专用权，促使生产、经营者保证商品和服务质量，维护商标信誉，以保障消费者和生产、经营者的利益，促进社会主义市场经济的发展，特制定本法。

● 第三条　经商标局核准注册的商标为注册商标，包括商品商标、服务商标和集体商标、证明商标；商标注册人享有商标专用权，受法律保护。

● 第四条　自然人、法人或者其他组织在生产经营活动中，对其商品或者服务需要取得商标专用权的，应当向商标局申请商标注册。不以使用为目的的恶意商标注册申请，应当予以驳回。

本法有关商品商标的规定，适用于服务商标。

● 第五十六条　注册商标的专用权，以核准注册的商标和核定使用的商品为限。

● 第五十七条　有下列行为之一的，均属侵犯注册商标专用权：

（一）未经商标注册人的许可，在同一种商品上使用与其注册商标相同的商标的；

（二）未经商标注册人的许可，在同一种商品上使用与其注册商标近似的商标，或者在类似商品上使用与其注册商标相同或者近似的商标，容易导致混淆的；

（三）销售侵犯注册商标专用权的商品的；

（四）伪造、擅自制造他人注册商标标识或者销售伪造、擅自制造的注册商标标识的；

（五）未经商标注册人同意，更换其注册商标并将该更换商标的商品又投入市场的；

（六）故意为侵犯他人商标专用权行为提供便利条件，帮助他人实施侵犯商标专用权行为的；

（七）给他人的注册商标专用权造成其他损害的。

【释义】本条是关于商标专用权保护制度的规定。

注册商标的专用权，以核准注册的商标和核定使用的商品为限。在非遗保护中，如某公司成功申请注册商标A，被核准在甲类商品上使用，那么该公司只能将A商标用于甲类商品，而不能将A商标用于乙类商品。并且《商标法》中规定了侵犯注册商标专用权的七种行为。

4. 禁止抢注他人商标制度

禁止抢注他人商标制度规定在《商标法》第十三条中。

● 第十三条　为相关公众所熟知的商标，持有人认为其权利受到侵害时，可以依照本法规定请求驰名商标保护。

就相同或者类似商品申请注册的商标是复制、摹仿或者翻译他人未在中国注册的驰名商标，容易导致混淆的，不予注册并禁止使用。

就不相同或者不相类似商品申请注册的商标是复制、摹仿或者翻译他人已经在中国注册的驰名商标，误导公众，致使该驰名商标注册人的利益可能受到损害的，不予注册并禁止使用。

【释义】本条是关于禁止抢注他人商标制度的规定。

申请注册的商标，凡不符合《商标法》有关规定或者同他人在同一种商品或者类似商品上已经注册的或者初步审定的商标相同或者近似的，由商标局驳回申请。商标相同，是指商标的构成要素完全相同或者基本相同，比如使用同样的文字或者图形作为商标。商标近似，是指商标在发音、含义、视觉效果等方面近似的商标。例如，安徽古井贡酒公司申请商标中的汉字"瑞福祥"与北京瑞蚨祥公司的"瑞蚨祥"商标，仅有一字之差，且"福"与"蚨"字读音相同；而且使用在方便面食品上的商标"瑞福祥"与古井贡酒申请的商标三个字完全相同，同时两个商标还都申请使用在同一类商品上，非常容易造成混淆。所以，商标局最终驳回了古井贡酒公司"瑞福祥"的商标申请，禁止了其抢注行为。

利用商标权来保护非物质文化遗产具有以下优势：首先，商标权具有无限续展制度，且续展条件较为宽松。这一制度符合非物质文化遗产长期保护的需求，从法律上支持了非物质文化遗产的传承，使优秀的非物质文化遗产得以世代相传。其次，通过申请集体商标，可以有效保护优秀的非物质文化遗产。非物质文化遗产的一个重要特征是其集体性，申请集体商标在法律上承认了一项非物质文化遗产归一个集体或传统社区所有，从而明确了非物质文化遗产的承传者，不仅有利于保护其权益，更激发了他们传承和保护非物质文化遗产的积极性。此外，这种方式结合了对非物质文化遗产的理解与现实发展的需求，更有利于非物质文化遗产的发展和进步。

● 第九条　申请注册的商标，应当有显著特征，便于识别，并不得与他人在先取得的合法权利相冲突。

【释义】本条为商标注册的条件条款。

商标若想获得注册首先应具备显著性，同时不得与他人享有的在先权利相冲突。在先权利包括但不限于权利人所享有的著作权、专利权、姓名权等权利。权利人对其非物质文化遗产所享有的专有权利亦当然属于在先权利的范畴。该条为打击恶意抢注、遏制"傍名牌"现象、维护公平竞争的市场秩序提供了法律依据。

● 第十五条　未经授权，代理人或者代表人以自己的名义将被代理人或者被代表人的商标进行注册，被代理人或者被代表人提出异议的，不予注册并禁止使用。

就同一种商品或者类似商品申请注册的商标与他人在先使用的未注册商标相同或者近似，申请人与该他人具有前款规定以外的合同、业务往来关系或者其他关系而明知该他人商标存在，该他人提出异议的，不予注册。

● 第三十条　申请注册的商标，凡不符合本法有关规定或者同他人在同一种商品或者类似商品上已经注册的或者初步审定的商标相同或者近似的，由商标局驳回申请，不予公告。

【释义】本条规定了禁止恶意抢注他人商标制度。

非物质文化遗产按照不同属性和特点，可以作为普通商标或者集体（证明）商标注册。在传统技艺、传统医药等领域，非物质文化遗产作为普通商标注册和保护的居多。非物质文化遗产承载着丰富的文化内涵和历史积淀，如果被不适格主体注册为商标使用，不仅会造成市场混淆误认，而且不利于非物质文化遗产的传承与传播。

例如，镇江市省级非遗项目"正则绣"遭遇商标抢注事件曾引起社会的广泛关注。2017年11月27日，国家工商行政管理总局商标评审委员会作出裁定："正则绣"和"吕存正则"这两个争议商标，与吕存本人已注册的"吕存正则绣"构成近似商标，违反了诚实信用原则，依据《商标法》，宣告争议商标无效。

三、我国专利制度中非物质文化遗产法律保护的主要条文释义

目前，关于非遗专利权的保护主要在《中华人民共和国专利法》（以下简称《专利法》）中规定，通过规定专利权获得的条件、专利许可等制度对非遗的专利权进行保护。

导学视频7

● 第二十二条 授予专利权的发明和实用新型，应当具备新颖性、创造性和实用性。

新颖性，是指该发明或者实用新型不属于现有技术；也没有任何单位或者个人就同样的发明或者实用新型在申请日以前向国务院专利行政部门提出过申请，并记载在申请日以后公布的专利申请文件或者公告的专利文件中。

创造性，是指与现有技术相比，该发明有突出的实质性特点和显著的进步，该实用新型有实质性特点和进步。

实用性，是指该发明或者实用新型能够制造或者使用，并且能够产生积极效果。

【释义】本条是对授予专利权的发明和实用新型应当具备的实质要件的规定。

按照本条规定，授予专利权的发明和实用新型必须具备新颖性、创造性和实用性，即通常所说的专利"三性"要件。这是各国专利法普遍采用的准则，也是世界贸易组织《与贸易有关的知识产权协议》（TRIPS）所确认的准则。

本条第三款对"创造性"的含义作了规定，其中讲的"现有技术"，是指申请日以前在国内外出版物上公开发表、在国内公开使用或者以其他方式为公众所知的技术。

判断一项申请专利的发明是否符合创造性的标准，是该项发明是否具有"突出的实质性特点"和"显著的进步"。这里讲的"突出的实质性特点"，是指发明与现有技术相比具有明显的本质区别，对于发明所属技术领域的普通技术人员来说是显而易见的，不能直接从现有技术中得出构成该发明全部必要的技术特征，也不能通过逻辑分析、推理或者试验而得到。如果通过以上方式能得到该发明，则该发明就不具备突出的实质性特点。这里讲的"显著的进步"，是指发明的技术效果与现有技术相比具有长足的进步，包括：发明解决了人们一直渴望解决，但始终未能获得成功的技术难题；发明克服了技术偏见；发明取得了意料不到的技术效果；发明在商业上获得成功。

例如，"青神竹编"历史悠久，早在5000多年前，青神县的先民便开始用竹编簸箕养蚕、编竹器家用。一件精美的竹编成品，需经过选竹、锯竹、刮青、去黄、分层、晾晒、刮薄、三防处理、染色、开丝、编织、整理、装裱等十余道工序。国家级非物质文化遗产"青神竹编"工艺传承人陈云华，这些年在继承传统技艺和开拓创新方面做了一些探索。"看图编织"便是他发明的一项竹编工艺，用灰色编织天空，用深灰色

编织地面，用原色编织物体形状，让平面竹编有了很强的立体感。2008年他又突破最难的过渡色问题，研制出"彩色竹编"，其非遗制作的技术具有创造性，因而获得国家授权发明专利。又如，国家级非遗项目"凉州攻鼓子"通过创新服装和头饰的造型，获得了国家知识产权局核发的"攻鼓子服装"（专利号：ZL202130154913.X）和"攻鼓子头饰"（专利号：ZL202130078015.0）的《外观设计专利证书》。

● 第十一条　发明和实用新型专利权被授予后，除本法另有规定的以外，任何单位或者个人未经专利权人许可，都不得实施其专利，即不得为生产经营目的制造、使用、许诺销售、销售、进口其专利产品，或者使用其专利方法以及使用、许诺销售、销售、进口依照该专利方法直接获得的产品。

外观设计专利权被授予后，任何单位或者个人未经专利权人许可，都不得实施其专利，即不得为生产经营目的制造、许诺销售、销售、进口其外观设计专利产品。

【释义】本条是关于专利权人对其专利产品或专利方法所享有的专有权的规定。

所谓专利权人对其专利的独占实施权即专有权，并不意味着只有专利权人自己才可以实施其专利，而是如本条所规定的，专利权人以外的任何单位或个人要实施他人的专利，都必须取得专利权人的许可（《专利权法》另有规定的除外）。专利权的行使，可以表现为积极性与消极性两个方面。所谓积极性，是指专利权人行使权利的主动状态，即他可以自己实施其专利，也可以通过合同的方式许可他人实施其专利；所谓消极性，是指专利权人行使权利的被动状态，即专利权人有权禁止他人未经许可而实施其专利，又称"禁止权"。凡是任何单位或个人未经专利权人许可，又无法律依据而擅自实施其专利的，均构成对专利权的侵犯，应当依法承担法律责任。

● 第十二条　任何单位或者个人实施他人专利的，应当与专利权人订立实施许可合同，向专利权人支付专利使用费。被许可人无权允许合同规定以外的任何单位或者个人实施该专利。

【释义】本条是关于专利实施许可的规定。

依照本条规定，任何单位或者个人实施他人专利的，无论其专利实施权是如何取得的，都必须承担与专利权人订立书面实施许可合同，并向专利权人支付专利使用费的法定义务。

例如，苏绣作为国家级非遗项目，到目前为止，其针法已由常用的十余种针法增加到了四五十种之多。2010年4月，邹某向国家专利局提出发明专利申请，2011年9月"滴滴针法"正式获得了国家发明专利证书，实现了由传统技艺到知识产权的一种转型，对创新成果运用知识产权手段加以保护。目前，苏绣已有滴滴针法、三层绣法、八工针法等多项针法发明专利，使刺绣的表现形式更加多样、更具艺术感染力。

非遗所蕴含的传统工艺和技能是特定地区人民在长期的生产实践和生活实践中世代继承和积累的精神产物，富含人民群众的集体智慧，具有显著的"公共性"。专利权的立法目的旨在通过知识产权保护和运用，赋予智慧创新一种独占权利，具有"私人性"。因此，需要协调好非遗的"公共性"与专利权的"私人性"之间的关系，找到其平衡点。

第三节 纺织类非物质文化遗产知识产权法保护典型案例

一、纺织类非遗著作权保护典型案例及分析

（一）洪某与青某、陈某、苗艺文化中心著作权纠纷案

1. 案例基本情况

贵州美术出版社于1989年8月出版发行的洪某编著的《安顺蜡染》一书中收录了《瓦当龙纹台布》《敦煌伎乐》《车架出巡壁饰》蜡染作品照片；安顺市邮政局于2004年发行的《福远蜡染》明信片上刊登了洪某创作的《双龙献寿》照片。2007年6月，洪某将其创作完成的《鸟蝠虫鱼组画系列》蜡染产品设计图在贵州省版权局进行了著作权登记，其中脸谱系列设计图中包括《鸟蝴鱼》。洪某在诉讼中还提交了《芦笙舞》《接亲》《彩陶》《泰山石敢当》《虎挂件》《凤挂件》《龙车》《观音》产品设计图的原稿，以证明上述设计图的图案由其创作，设计图上显示有"洪"字的篆体标记。洪某创作的上述设计图均使用在其生产的蜡染产品上并对外销售，在洪某生产的涉案蜡染产品中，除《鸟蝠虫鱼组画系列》中的涉案1幅外，其他12幅蜡染产品上均显示有"洪"字的篆体标记。

2008年10月11日，洪某发现苗艺文化中心销售的《安顺地戏》蜡染产品中包括《芦笙舞》《接亲》《蝴鸟鱼》《双龙献寿》《瓦当龙纹台布》《敦煌伎乐》《彩陶》《车架出巡壁饰》《泰山石敢当》《虎挂件》《凤挂件》《龙车》《观音》13件蜡染产品照片在内的数十幅产品图片，经比对，分别与洪某本案主张著作权的13幅产品设计图的图案基本相同，但图案的颜色和尺寸存在部分差异。其中，《蝴鸟鱼》与洪某办理著作权登记的《鸟蝠虫鱼组画系列》第3幅基本相似。除《蝴鸟鱼》外，其他12幅蜡染产品上均带有"洪"字的篆体标记。另外，苗艺文化中心系青某、陈某共同作为合伙人成立的合伙企业。

洪某以青某、陈某和苗艺文化中心为被告，向北京市海淀区人民法院提起诉讼，主张三被告侵犯其著作权，要求三被告停止侵权、赔礼道歉和赔偿损失。

北京市海淀区人民法院经审理认为，青某、陈某和苗艺文化中心生产、销售的蜡染产品的图案与洪某享有著作权的蜡染产品设计图的图案基本相同，且洪某的作品已通过其蜡染产品公之于众，故在青某、陈某和苗艺文化中心不能举证证明其销售的涉案蜡染产品有合法创作来源的情况下，应认定涉案蜡染产品图案系对洪某享有著作权的蜡染产品设计图的复制，侵犯了洪某的著作权，判决三被告依法承担停止侵权、赔礼道歉、赔偿损失的法律责任。至于赔偿数额，鉴于原被告均未提交充足证据，综合考虑涉案作品价值、侵权情节、主观过错等因素酌情确定，不再全部支持洪某的诉讼

请求。对于洪某维权支出费用中的合理部分，青某、陈某和苗艺文化中心亦应一并承担，具体数额由法院酌定。

一审宣判后，青某、陈某和苗艺文化中心不服，提起上诉。北京市第一中级人民法院认为，苗艺中心所销售的涉案产品标牌印有"福达""福达民族工艺坊"和陈某手机号码，青某、陈某及苗艺中心未经洪某许可，生产、销售与洪某享有著作权的涉案蜡染作品图案基本相同的涉案蜡染产品，并在其网站上予以刊登，既未为洪某署名，也未向洪某支付任何报酬，其行为侵犯了洪某享有的涉案蜡染作品署名权、复制权和获得报酬权等著作权，理应承担停止侵权、赔礼道歉、赔偿损失等法律责任。因此，北京市第一中级人民法院驳回了青某、陈某及苗艺中心的上诉，维持了一审判决。

2. 案例解读分析

民间文学艺术作品是指在某一区域内的群体在长期生产、生活中，直接创作并广泛流传的，反映该区域群体的历史渊源、生活习俗、生产方式、心理特征且不断演绎的民间文化表现形式的总称。非物质文化遗产是指各族人民世代相传并视为其文化遗产组成部分的各种传统文化表现形式，以及与传统文化表现形式相关的实物和场所。民间文学艺术作品是非物质文化遗产的一种重要的表现形式。但是，无论是民间文学艺术作品还是非物质文化遗产在适用《著作权法》进行保护时总会遇到一些问题，如作者的不确定性和权利主体的特殊性、作品的表达没有唯一性、作品的完成没有确定性。因此，判断被告的行为是否构成侵害著作权，不仅要依据《著作权法》，也应该兼顾《民法通则》的相关原则以及《非遗法》第五条和第四十四条的规定。

（1）蜡染的作品属性。在非物质文化遗产的文化宝库中，民间文学艺术无疑是一颗颗璀璨的明珠。民间文学艺术在非物质文化遗产中占据重要地位，数量很多，而且表现形式多样。安顺蜡染作为贵州安顺地区一种传统的民间手工绘染艺术，属于国家级非物质文化遗产。

本案中，洪某的蜡染作品属于民间文学艺术的衍生作品，区别于安顺地区流传的民间传统蜡染作品，前者是洪某采用贵州安顺地区传统的民间手工绘染艺术，体现蜡染独特风格美感，独立创作并能以某种有形形式复制的美术作品；后者则是民间文学艺术作品，是安顺传统蜡染艺术的典范。前者是洪某根据后者演绎而成，在线条运用、色彩搭配、图案分布等方面具有独创性；后者是前者创作的基石，洪某在13幅蜡染作品创作过程中离不开对安顺传统蜡染的借鉴和参考。

（2）蜡染作品著作权侵权认定标准。洪某的蜡染作品属于民间文学艺术衍生作品，适用《著作权法》的一般保护。因此，在判定侵权时仍应以"接触+实质性近似"为标准。

洪某2001年后不再向青某、陈某和苗艺文化中心供货，三被告称涉案蜡染产品系洪某供货，但其在7年后仍销售洪某当年供货库存产品的可能性极小；青某、陈某和苗艺文化中心称涉案蜡染产品系从其他蜡染制作者处购进，但其提交的证据不足以证明该项主张，并且青某在媒体采访中自称系涉案蜡染产品创作者，前后矛盾。此外，苗艺文化中心销售的部分蜡染产品标牌上印有"福达""福达民族工艺坊"字样，尤其是印有陈华的手机号码的事实，可以证明青某、陈某和苗艺文化中心生产了涉案蜡染产品。

青某、陈某和苗艺文化中心生产、销售的蜡染产品的图案与洪某享有著作权的蜡染产品设计图的图案基本相同，且洪某的作品早已通过其蜡染产品公之于众，故在三被告不能举证证明其销售的涉案蜡染产品有其他合法创作来源的情况下，应认定涉案蜡染产品图案系对洪某享有著作权的蜡染产品设计图的复制，侵犯了洪某的著作权。

（3）非物质文化遗产的著作权保护。从法理上来分析，个体性、团体性的准工业产权类和文学艺术类的非物质文化遗产，可以有区别地获得专利权、商业秘密、商标权和著作权的保护；纯粹的传统知识，则不可能获得知识产权保护。

因此，能受到《著作权法》保护的非物质文化遗产必须具备以下条件：

①从主体上看，非物质文化遗产占有主体应当确定。占有主体既可以是个体、团体，也可以是族群和社区。但族群和社区作为占有主体是否具有确定性，应当根据民族性和区域性的限制性条件予以判定。

②从客体上看，非物质文化遗产应该具有独创性和有形复制性。这里的独创性与一般作品不同，其具有合作性和长期性，是人类在长期的历史过程中，以个人的智慧或者通过集体的智慧创造出来的，甚至是由不同的族群、地区的人们在长期实践中，相互激发、精诚合作而创造出来的；有形复制性排斥了一部分表达没有固定下来的民间文学艺术，这是由"著作权保护的是表达而非思想"决定的。

③从内容上看，非物质文化遗产应当是民间文学艺术型的传统文化表现形式。非物质文化遗产可以分为工业产权型传统文化表现形式、民间文学艺术型传统文化表现形式和纯粹的传统知识三类。工业产权型，主要是指传统标志和传统工艺技术；民间文学艺术型，则是指各种文学、艺术（音乐、美术、书法戏剧、舞蹈等）、体育、杂技、游艺等；纯粹的传统知识，包括宗教知识、哲学知识和民族语言知识等。

（4）非物质文化遗产的著作权保护限制。民间文学艺术和非物质文化遗产具有"公有资源"属性。历史传承充分证明了这一点，它通常不是由几个民间艺人来传承的，而是整个生活在这一文化空间的所有人都参与了相关民间文学艺术和非物质文化遗产的传承、创作和发展，它有机地存活于共同的社区和群体之中。对民间文学艺术和非物质文化遗产的不当使用将损害整个民族、地区乃至国家的利益。目前的司法实践更侧重于对著作权人精神利益的保护，在某种程度上也是看到了民间文学艺术作品之于一般作品的特殊性和非物质文化遗产的"公有资源"属性，在平衡著作权人的利益与社会公众利益的时候，天平更多地倾向社会公众。

（二）南京云锦研究所有限公司与南京宜贡坊云锦织造厂著作权侵权纠纷案

1. 案例基本情况

南京云锦研究所有限公司（以下简称南京云锦公司）提交的1977年7月《牡丹写

生资料》中"万紫千红"作品的创作者是朱某，朱某系其单位员工。南京云锦公司认为，其系涉案作品的著作权人，南京宜贡坊云锦织造厂（以下简称宜贡坊织造厂）未经许可制作、销售被诉侵权云锦侵害了其作品著作权。宜贡坊织造厂提供苏作登字–2013–F–00017896云锦之牡丹系列作品，用以证明其享有涉案被诉侵权云锦作品的著作权。"万紫千红"作品在被诉侵权云锦登记前已经被制作为云锦礼品被赠送，作为云锦产品被销售以及参展并获奖。

2. 案例解读分析

南京云锦公司《万紫千红》云锦作品和被诉侵权云锦作品经比对，两者在局部色彩、个别花瓣和花蕊的造型方面稍有差别，但整体看来表达的方式和内容基本相同。制作过程中使用的如"金宝地"等生产工艺，再现了美术作品的表达。宜贡坊织造厂侵害了南京云锦公司对涉案作品所享有的复制权、获得报酬权以及相关的人身权等权利。

云锦的生产工艺主要包括纹样设计、挑花结本、造机、原料准备、织造五个部分。在云锦作品的创作过程中，相关阶段的创作成果如白描作品、上色作品以及运用"金宝地"等工艺创作完成的云锦产品，受到著作权法保护。作为南京特色的非物质文化遗产，云锦作品的创作是一个传承和创新发展的过程，创作中可以适当借鉴已有成果，但是必须具有自身构成独创性表达的部分，符合著作权法对作品独创性的要求，才能获得著作权法的保护。

（三）赵某与南京摇曳非遗文化传播有限公司非遗作品著作权侵权纠纷案

1. 案例基本情况

2008年11月，江苏省文化厅授予赵某某江苏省非物质文化遗产绒花制作技艺代表性传承人称号。赵某在传统"福寿三多"绒花的基础上创作了新"福寿三多"绒花，并进行作品著作权登记。南京摇曳非遗文化传播有限公司（以下简称摇曳公司）通过西塘汉服节及淘宝店铺等渠道销售被诉侵权绒花产品。

2. 案例解读分析

"福寿三多"虽系以"佛手、寿桃、石榴"等元素寓意"福多、寿多、子多"的传统创作题材，但赵某某在传统的基础上进行了个性化创作，形成了具有独创性表达的新绒花作品，属于著作权法意义上的美术作品。摇曳公司销售的绒花产品，从各种元素的相对大小、相对位置、排列布局、整体形态、视觉效果、色彩处理等方面来看，与赵某的绒花美术作品实质性相似。摇曳公司的行为侵犯了赵某绒花美术作品的复制权等著作权。法院综合考虑涉案作品的类型、独创性程度、销售价格、侵权行为的手段、持续时间、地域范围、侵权后果及维权合理支出等因素酌定赔偿数额（包含合理费用）为5万元。

南京绒花是南京具有代表性的、极具地方特色的传统手工艺品，谐音"荣华"。绒花制作技艺作为非物质文化遗产，不仅体现了历史文化艺术价值，也具有市场经济价值。非遗传承人在非遗的实践中通过自己独特的智力付出为非遗注入时代的特征，应当对其独创性的部分给予知识产权法律保护。本案通过著作权法的保护，为非物质文化遗产传承创新发展提供了实践参考，向社会传递诚信经营的价值理念，弘扬了社会主义核心价值观和中华优秀传统文化。

二、纺织类非物质文化遗产商标权保护典型案例及分析

（一）山东鲁锦实业有限公司与鄄城县鲁锦工艺品有限责任公司商标权纠纷案

1. 案例基本情况

原告山东鲁锦实业有限公司（以下简称鲁锦公司）诉称：被告鄄城县鲁锦工艺品有限责任公司（以下简称鄄城鲁锦公司）、济宁礼之邦家纺有限公司（以下简称礼之邦公司）大量生产、销售标有"鲁锦"字样的鲁锦产品，侵犯其"鲁锦"注册商标专用权。鄄城鲁锦公司企业名称中含有原告的"鲁锦"注册商标字样，误导消费者，构成不正当竞争。"鲁锦"不是通用名称。请求判令二被告承担侵犯商标专用权和不正当竞争的法律责任。

被告鄄城鲁锦公司辩称：原告鲁锦公司注册成立前及鲁锦商标注册完成前，"鲁锦"已成为通用名称。按照有关规定，其行为属于"正当使用"，不构成商标侵权，也不构成不正当竞争。

裁判要旨：判断具有地域性特点的商品通用名称，应当注意从以下方面综合分析：第一，该名称在某一地区或领域约定俗成，长期普遍使用并为相关公众认可；第二，该名称所指代的商品生产工艺经某一地区或领域群众长期共同劳动实践而形成；第三，该名称所指代的商品生产原料在某一地区普遍生产。

法院生效裁判认为：根据本案事实可以认定，在1999年鲁锦公司将"鲁锦"注册为商标之前，已是山东民间手工棉纺织品的通用名称，"鲁锦"织造技艺为非物质文化遗产。鄄城鲁锦公司、济宁礼之邦公司的行为不构成商标侵权，也非不正当竞争。

2. 案例解读分析

首先，"鲁锦"已成为具有地域性特点的棉纺织品的通用名称。商品通用名称是指行业规范或社会公众约定俗成地对某一商品的通常称谓。该通用名称可以是行业规范规定的称谓，也可以是公众约定俗成的简称。鲁锦指鲁西南民间纯棉手工织锦，其纹彩绚丽灿烂似锦，在鲁西南地区已有上千年的历史。"鲁锦"作为具有山东特色的手工纺织品的通用名称，为国家主流媒体、各类专业报纸以及山东省新闻媒体所公认，山东省、济宁、菏泽、嘉祥、鄄城的省、市、县三级史志资料均将"鲁锦"记载为传统鲁西南民间织锦的"新名"，有关工艺美术和艺术的工具书中也确认"鲁锦"就是产自山东的一种民间纯棉手工纺织品。"鲁锦"织造工艺历史悠久，在提到"鲁锦"时，人们想到的就是传统悠久的山东民间手工棉纺织品及其织造工艺。鲁锦织造技艺被认定为国家级非物质文化遗产。"鲁锦"代表的纯棉手工纺织生产工艺并非由某一自然人或企业法人发明而成，而是由山东地区特别是鲁西南地区人民群众长期劳动实践而形

成。"鲁锦"代表的纯棉手工纺织品的生产原料亦非某一自然人或企业法人特定种植，而是山东不特定地区广泛种植的棉花。自20世纪80年代中期后，经过媒体的大量宣传，"鲁锦"已成为以棉花为主要原料、手工织线、染色、织造的山东地区民间手工纺织品的通称，且已在山东地区纺织行业领域内通用，并被相关社会公众接受。综上，可以认定"鲁锦"是山东地区特别是鲁西南地区民间纯棉手工纺织品的通用名称。

其次，注册商标中含有本商品的通用名称，注册商标专用权人无权禁止他人正当使用。《商标法》第五十九条规定："注册商标中含有本商品的通用名称、图形、型号，或者直接表示商品的质量、主要原料、功能、用途、重量、数量及其他特点，或者含有的地名，注册商标专用权人无权禁止他人正当使用。"商标的作用主要为识别性，即消费者能够依据不同的商标而区别相应的商品及服务的提供者。保护商标权的目的，就是防止对商品及服务的来源产生混淆。由于鲁锦公司使用"鲁锦"文字商标和"Lj+LUJIN"组合商标，与作为山东民间手工棉纺织品通用名称的"鲁锦"一致，其应具备的显著性区别特征趋于弱化。"鲁锦"虽不是鲁锦服装的通用名称，但却是山东民间手工棉纺织品的通用名称。商标注册人对商标中通用名称部分不享有专用权，不影响他人将"鲁锦"作为通用名称正当使用。鲁西南地区有不少以鲁锦为面料生产床上用品、工艺品、服饰的厂家，这些厂家均可以正当使用"鲁锦"名称，在其产品上叙述性标明其面料采用鲁锦。

本案中，鄄城鲁锦公司在其生产的涉案产品的包装盒、包装袋上使用"鲁锦"两字，虽然在商品上使用了鲁锦公司商标中含有的商品通用名称，但仅是为了表明其产品采用鲁锦面料，其生产技艺具备鲁锦特点，并不具有侵犯鲁锦公司"鲁锦"注册商标专用权的主观恶意，也并非作为商业标识使用，属于正当使用，故不应认定为侵犯"鲁锦"注册商标专用权的行为。基于同样的理由，鄄城鲁锦公司在其企业名称中使用"鲁锦"字样，也系正当使用，不构成不正当竞争。礼之邦公司作为鲁锦制品的专卖店，同样有权使用"鲁锦"字样，不构成对"鲁锦"注册商标专用权的侵犯。

（二）"香云纱"真丝绸面料虚假宣传纠纷案

1. 案例基本情况

传统工艺"香云纱"以莨纱真丝绸面料为原料，利用纯天然植物染料染色制成，入选了国家非物质文化遗产名录。冼某是一名传统工艺"香云纱"的经营者，其发现成艺晒莨厂等行业经营者在生产、销售、宣传中，将用莨绸制成的产品宣传为"香云纱"。冼某认为"香云纱"特指莨纱，突破传统工艺把莨绸当作"香云纱"的做法是不尊重传统的虚假宣传行为。

冼某向佛山市中级人民法院提起诉讼，要求成艺晒莨厂等行业经营者公开道歉、〔连〕带赔偿经济损失500万元。佛山市中级人民法院一审审理认为，成艺晒莨〔厂等〕不构成虚假宣传，判决驳回冼某的诉讼请求。冼某上诉后，法

2. 案例解读分析

根据现行的国家和地方质量标准,"香云纱"产品既包括莨纱,也包括莨绸。成艺晒莨厂等行业经营者把莨绸作为"香云纱"进行宣传,具有国家和地方质量标准的依据,虽然突破了传统工艺对"香云纱"的定义,但在主观上并不存在欺骗、误导消费者的意图,也未损害市场竞争秩序和社会公共利益,亦不会由此得到不正当的利益或者竞争优势,因此不构成虚假宣传行为。成艺晒莨厂等行业经营者为了保护、传承和弘扬非物质文化遗产和地理标志产品,在坚持"香云纱"传统染整技艺的基础上,根据市场需求对产品进行创新的做法应予肯定。遂作出上述判决。

在关于保护非物质文化遗产、地理标志产品等案件中,要坚持保护、传承、弘扬并重的原则。在弘扬传统知识和传统文化的过程中,要允许市场主体在有效保护的基础上合理利用、守正创新。如果市场主体的创新行为不侵害他人的合法权益,不损害市场竞争秩序和社会公共利益,就不宜轻易否定其正当性。要依法保护创新主体的合法权益,营造鼓励创新、包容创新的法治环境。

三、纺织类非物质文化遗产专利权保护典型案例及分析

1. 案例基本情况

中国四大名绣之首的苏绣一直渴望创新。2011年,苏州绣娘邹某凭借她的"滴滴针法"获得了全国首个针法发明专利,引起了业内巨大反响。但赞誉之外,也有质疑的声音传出,有苏绣专家指出,"滴滴针法"涉嫌抄袭已故苏绣大师朱凤发明于20世纪50年代的"点彩绣",而邹某事实上是朱凤的徒孙。但邹某对此予以否认,称两种针法完全不一样。

"滴滴针法"发明人——江苏省工艺美术大师邹某在接受一些媒体采访时介绍,"滴滴针法"是在点状或短线状针脚之间以相隔、相叠、相接和相交四种组织形式在绣料上以疏密变化方式进行排列布置的一种绣法。这种针法可以表现刺绣画面中的点状离散的光影变化感,尤其适合表现素描,特别是炭粉素描中炭粉颗粒的质感、水墨画中水雾状朦胧的质感。到目前为止,邹某已经完成了40多件"滴滴针法"刺绣作品,《毛泽东肖像》是其代表作之一。

"滴滴针法"获得国家专利一事见诸报端后,却有老一辈苏绣艺术家质疑,认为"滴滴针法"与半个世纪前就已问世的"点彩绣"属于同一种针法,直指邹某有抄袭的嫌疑。80岁高龄的苏绣国家级非遗传承人顾文霞老师也认为"滴滴针法"与"点彩绣"有太多雷同的地方,但以"年事已高"为由婉拒了进一步采访。另有一位不愿透露姓名的高级工艺美术师告诉记者,"滴滴针法"与"点彩绣"的作品他都见过,其针法可以说是"一模一样"。

20世纪50年代发明"点彩绣"的朱凤曾就职于苏州市刺绣研究所,为了能够更好地了解"点彩绣",记者来到了苏州市刺绣研究所。苏绣市级非遗传承人黄春娅介

绍，2010年5月16日，苏州市工艺美术界在一次纪念活动中展出了朱凤的"点彩绣"作品《北塔》。她在反复比对"滴滴针法"与"点彩绣"之后认为，这两种针法相似度非常高。黄春娅向记者展示了朱凤于1993年编写出版的《苏绣》一书，其中详细介绍了她创造的"点彩绣"。"与点彩绣类似的还有切针和接针。"工作人员介绍。记者看到，接针的苏绣作品中，一针针短针前后衔接连续进行，连成条形，以此绣出的孔雀羽毛活灵活现；针脚最短的是切针，用线较粗，整幅作品针针饱满，很像晶莹细小的珠子，在绣传统图腾时显得非常有质感……这些样品与记者所见的"滴滴针法"作品最为相似之处在于所用针法的针脚都极其短，与常见的散套、虚实针等针法确实不一样。高级工艺师李华介绍，这些针法至今还在广泛运用，尤其在创作树木题材的作品时都会用到"点彩绣"。

邹某表示，在申请"滴滴针法"专利前，她和律师已查阅过现存的所有苏绣针法，确定其为首创后，才递交了申请。邹某说，她师从刺绣艺术家王祖识，而王祖识的师傅就是朱凤，也就是说，邹某实际上是朱凤的徒孙。邹某承认，她也学过朱凤的"点彩绣"，"滴滴针法"比"点彩绣"的针法要短，刺绣时一次性完成，而"点彩绣"有分工叠加的成分。在底料材质和针线排布上，"滴滴针法"也和"点彩绣"有区别。"点彩绣"是在类似格状的材料上施针，针线排布比较规律；"滴滴针法"则使用更为细腻的底料。

邹某将"滴滴针法"运用于整幅刺绣创作，灵感来源于小时候妈妈纳鞋底的针法，再加上"滴水之恩，涌泉相报"的寓意，"滴滴针法"便应运而生。

2. 案例解读分析

在知识经济的浪潮中，专利作为创新成果的新颖性、创造性和实用性。这三者相互依存，共同构成了专利的核心价值。

（1）新颖性：指涉案专利不属于现有技术且不存在抵触申请，即符合新颖性的要求，这是第一个条件；第二个条件是指在国内没有公开使用或者说以其他方式为公众所知。满足了这两个条件，就符合了发明创造的新颖性要求。

（2）创造性：指同申请日以前现有技术相比，发明有突出的实质特点或者有显著的进步，实用新型具有实质性特点或进步即满足创造性要求。

（3）实用性：指发明或者实用新型能够创造或者使用，并且能够产生积极效果。能够制造或者使用，就是能够工业批量地制造出来。

本案中主要涉及的是创造性这一因素，前提是只有具备了新颖性的条件下才考虑创造性。专利创造性的审查有以下原则：第一，审查发明是否具备创造性，应当审查发明突出的实质性特点和显著的进步。第二，在评价发明是否具备创造性时，审查员不仅要考虑发明的技术方案本身，还要考虑发明所属技术领域、所解决的技术问题和所产生的技术效果，将发明作为一个整体进行评价。第三，审查创造性时，将一份或多份现有技术中的不同的技术内容组合在一起，对要求保护的发明进行评价（与新颖性的单独对比不同）。第四，如果一项独立权利要求具备创造性，则不再审查该独立权利要求的从属权利要求的创造性。

"滴滴针法"的创新性主要体现在两个方面。从针法上来看，在总结前人经验的基础上，创造出更为复杂缜密、更具表现力的形式；从画面上来看，作为一种新的"刺绣语言"，可以更自如地按自己的审美要求进行创作，使刺绣创作的题材选择更为宽泛。"滴滴针法"完全符合《专利法》要求的新颖性、创造性、实用性要求。

课后习题

（1）简述纺织类非物质文化遗产知识产权相关立法情况。

（2）简述纺织类非物质文化遗产知识产权保护制度的主要内容。

（3）受到著作权法保护的非物质文化遗产必须具备哪些条件？

课后实践

1.请阅读以下著作权权属、侵权纠纷案例，并结合所学知识分析提出的问题。

案情情况介绍：2005年6月，曹某通过北京工艺美术出版社出版了《曹雪枫画集》，书号ISBN 978-7-80526-574-7。该画集收藏了曹某的多幅山水画和工笔画，其中第44~45页有工笔画《华清浴妃图》，并标明"2004年纸本140cm×360cm"，在第46~48页有《华清浴妃图》的局部。濮某创作的70cm×170cm《华清浴妃图》单面细平绣获得"粤文杯"首届广东民间工艺博览会金奖。巨幅《华清浴妃图》在苏州开绣，濮某带领8名绣娘耗时1年绣完，用500多种丝线，突出以针代笔，以线代色。作品长3.6m，高1.4m，并配发了朱某摄影的苏绣作品和濮某与绣娘们在修饰绣品的彩图。该新闻标注来源为"新华网"。原告曹某向法院提出诉讼请求：第一，判令被告濮某立即停止侵权行为并销毁侵权作品；第二，判令濮某就其侵权行为在全国媒体上向曹某公开赔礼道歉，消除影响。

查明案件事实：2016年5月1日，原告的委托代理人王某到被告工作室进行调查并进行了录音录像，被告濮某在录音录像中表示其多年前曾将一幅《华清浴妃图》苏绣作品售于启奥公司，价格为80多万元。5月19日，王某与濮某相互添加了微信，濮某的微信名称为"领绣江南"。王某在微信聊天中要求濮某对《华清浴妃图》苏绣作品进行报价。濮某回复称：《华清浴妃图》140cm×360cm价格170万元，70cm×170cm价格为86万元。

另查明，诉讼中被告濮某向法院递交其于2007年1月26日与第三人王信贺（曾用名王信和）签订的协议书，该协议书约定王信贺委托濮某制作单面绣《华清浴妃图》140cm×360cm和《敦煌系列·天籁》，每幅定价10万元。濮某称该价格是当时的苏绣未知名时的成本价，2016年给王兴宏报的价格是苏绣在市场驰名后的收藏品价格。王信贺称其未保存该协议。

问题：

（1）曹某对画作《华清浴妃图》是否享有著作权？并说明理由。

（2）濮某依画制作苏绣是否构成侵权？并说明理由。

（3）濮某对依画制作苏绣是否享有著作权？并说明理由。

2.请阅读以下商标权纠纷案例，并结合所学知识分析提出的问题。

苏绣为国家级纺织类非物质文化遗产，邹某为苏绣的非遗传承人。作为苏绣的第一项针法专利，邹某首创的"滴滴针法"于2011年获得了国家专利局颁发的专利证书。"滴滴绣"是一种既不同于传统的平针绣，又有异于乱针绣的在点状或短线状针脚之间，以相隔、相叠、相接、相交四种形式，在绣料上以疏密变化方式进行排列布置的一种全新绣法。这种针法更能表现出刺绣画面中的光影变化、水雾朦胧的水墨画效果以及丰富的细节层次感，使刺绣作品更通透、更富有灵气。2011年，邹某拿到了国家知识产权局签发的发明专利证书。刺绣技艺保护意识较强的邹某，在"滴滴绣"越来越受到认可的同时，想到了要加强品牌保护意识。

2014年12月18日，邹某委托律师正式向国家工商行政管理总局商标局递交了"滴滴绣"24类和25类商标申请。来自北京××科技有限公司的"滴滴"也提出了以装饰织物、服装鞋帽为主的24类和25类商标申请，但从商标局网站上公布的申报流程来看，其最初申报时间是2015年3月19日，在"商标申报流程"时间表一栏中可见，2016年1月27日商标注册申请被驳回。目前，北京××科技服务有限公司提出异议申请，意欲拿下"滴滴"24类和25类商标。最近，苏绣大师邹某接到了两个来自北京的电话，声称正在商标审核中的"滴滴绣"商标侵犯了"滴滴"的商标权利，随后又透露了购买"滴滴绣"商标的意向。"滴滴绣"作为苏州刺绣的一门技法，使用在先并申请在先，应该享有专利权，而"滴滴"属于交通软件，申请在后且并未在刺绣服装领域使用，即使滴滴成为驰名商标也不具有排他权利。

问题：

（1）邹某能否享有"滴滴绣"的商标权？

（2）"滴滴绣"是否可以申请为注册商标？

（3）"滴滴绣"能否排除"滴滴"的商标注册？

第五章　我国纺织类非物质文化遗产的刑法保护

本章主要介绍了我国非物质文化遗产刑事立法现状，特别是对非物质文化遗产知识产权刑法相关条文进行了解读，并分析了纺织类非物质文化遗产刑法保护相关典型案例。

第一节　我国非物质文化遗产法律保护的刑法概述

目前，我国关于非物质文化遗产保护的刑事立法包括刑事立法和相关司法解释。按内容分类，可分为知识产权犯罪的刑法规范、妨害文物犯罪的刑法规范及附属刑法对非物质文化遗产的保护。

导学视频8

一、我国非物质文化遗产刑事立法概况

（一）历史沿革

我国最早关于知识产权保护的刑事立法是1979年《中华人民共和国刑法》（以下简称《刑法》）第一百二十七条规定的"假冒商标罪"。1982年，《商标法》实施，这是我国首部知识产权法律，其中第四十条规定了假冒他人注册商标的直接责任人将被依法追究刑事责任。1985年，我国加入《保护工业产权巴黎公约》，1989年加入《商标权国际注册马德里协定》。随着这些国际条约的加入，以及为了符合国际条约的要求，1993年，我国颁布《关于惩治假冒注册商标犯罪的补充规定》，增设了"销售假冒注册商标的商品罪"和"非法制造、销售非法制造的注册商标标识罪"，并提高了法定刑幅度。1984年制定的《专利法》规定，假冒他人专利的将比照刑法第一百二十七条规定的假冒商标罪科处刑罚。1990年颁布的《著作权法》，开启了著作权纳入法律保护的新阶段。

随着我国刑法对知识产权保护现代化水平的提高，1997年修订《刑法》时，扩大了对知识产权的刑事保护范围，设置了七个罪名：第二百一十三条至第二百一十五条分别规定"假冒注册商标罪""销售假冒注册商标的商品罪"以及"非法制造、销售非法制造的注册商标标识罪"；第二百一十六条规定"假冒专利罪"；第二百一十七条至第二百一十八条分别规定"侵犯著作权罪""销售侵犯著作权的复制品罪"；第二百一十九条规定"侵犯商业秘密罪"。同时，知识产权罪的刑罚法定刑也得到了加强，单罪的最高刑期可达七年有期徒刑。2023年《刑法》修订后，单罪法定最高刑期进一步提升到十年。

（二）具体内容

知识产权犯罪的刑法规范通过知识产权相关法律对非物质文化遗产进行保护。当符合知识产权法保护条件的非物质文化遗产遭受侵害，并且侵害行为达到刑事犯罪的严重程度时，这种违法行为将受到刑法规制。

《刑法》分则第三章第七节把侵犯知识产权罪大致分为四类：一是侵犯商标权的犯罪，具体包括假冒注册商标罪，销售假冒注册商标的商品罪，非法制造、销售非法制造的注册商标标识罪；二是侵犯专利的犯罪，具体有假冒专利罪；三是侵犯著作权的犯罪，具体有侵犯著作权罪，销售侵权复制品罪；四是侵犯商业秘密的犯罪，具体有侵犯商业秘密罪。

（1）假冒注册商标罪，销售假冒注册商标的商品罪，非法制造、销售非法制造的注册商标标识罪。《刑法》中主要有以下条文进行规定：

● 第二百一十三条　未经注册商标所有人许可，在同一种商品、服务上使用与其注册商标相同的商标，情节严重的，处三年以下有期徒刑，并处或者单处罚金；情节特别严重的，处三年以上十年以下有期徒刑，并处罚金。

● 第二百一十四条　销售明知是假冒注册商标的商品，违法所得数额较大或者有其他严重情节的，处三年以下有期徒刑，并处或者单处罚金；违法所得数额巨大或者有其他特别严重情节的，处三年以上十年以下有期徒刑，并处罚金。

构成假冒注册商标罪的条件有：权利人已经对商品进行了商标注册，并且商标在保护期限内；他人未经权利人的许可或者同意而使用商标；冒用的商标使用在同一种商品或者服务；冒用商标的行为情节严重，已经达到了犯罪的程度。

● 第二百一十五条　伪造、擅自制造他人注册商标标识或者销售伪造、擅自制造的注册商标标识，情节严重的，处三年以下有期徒刑，并处或者单处罚金；情节特别严重的，处三年以上十年以下有期徒刑，并处罚金。

（2）假冒专利罪。《刑法》中有以下条文进行规定：

● 第二百一十六条　假冒他人专利，情节严重的，处三年以下有期徒刑或者拘役，并处或者单处罚金。

构成假冒专利罪的条件有：（一）未经许可，在其制造或者销售的产品、产品的包装上标注他人专利号的；（二）未经许可，在广告或者其他宣传材料中使用他人的专利号，使人将所涉及的技术误认为是他人专利技术的；（三）未经许可，在合同中使用他人的专利号，使人将合同涉及的技术误认为是他人专利技术的；（四）伪造或者变造他人的专利证书、专利文件或者专利申请文件的。

（3）侵犯著作权罪、销售侵权复制品罪。《刑法》中有以下条文进行规定：

● 第二百一十七条　以营利为目的，有下列侵犯著作权或者与著作权有关的权利的情形之一，违法所得数额较大或者有其他严重情节的，处三年以下有期徒刑，并处或者单处罚金；违法所得数额巨大或者有其他特别严重情节的，处三年以上十年以下有期徒刑，并处罚金：

（一）未经著作权人许可，复制发行、通过信息网络向公众传播其文字作品、音乐、美术、视听作品、计算机软件及法律、行政法规规定的其他作品的；

（二）出版他人享有专有出版权的图书的；

（三）未经录音录像制作者许可，复制发行、通过信息网络向公众传播其制作的录音录像的；

（四）未经表演者许可，复制发行录有其表演的录音录像制品，或者通过信息网络向公众传播其表演的；

（五）制作、出售假冒他人署名的美术作品的；

（六）未经著作权人或者与著作权有关的权利人许可，故意避开或者破坏权利人为其作品、录音录像制品等采取的保护著作权或者与著作权有关的权利的技术措施的。

（4）侵犯商业秘密罪。《刑法》中有以下条文进行规定：

● 第二百一十九条　有下列侵犯商业秘密行为之一，情节严重的，处三年以下有期徒刑，并处或者单处罚金；情节特别严重的，处三年以上十年以下有期徒刑，并处罚金：

（一）以盗窃、贿赂、欺诈、胁迫、电子侵入或者其他不正当手段获取权利人的商业秘密的；

（二）披露、使用或者允许他人使用以前项手段获取的权利人的商业秘密的；

（三）违反保密义务或者违反权利人有关保守商业秘密的要求，披露、使用或者允许他人使用其所掌握的商业秘密的。

明知前款所列行为，获取、披露、使用或者允许他人使用该商业秘密的，以侵犯商业秘密论。

本条所称权利人，是指商业秘密的所有人和经商业秘密所有人许可的商业秘密使用人。

除此以外，某些以侵害具有知识产权的知识产品为犯罪对象的犯罪也可以被认为是侵犯知识产权的犯罪。例如，生产、销售伪劣商品罪，走私罪，非法经营罪，串通投标罪，盗窃罪，泄露国家秘密罪、骗取出口退税罪等。1997年《刑法》修订后，规定了一批知识产权犯罪，此后国家再没有颁布相关知识产权犯罪的单行刑事法律，其主要通过司法解释进行完善。1998年12月17日，最高人民法院公布《关于审理非法出版物刑事案件具体应用法律若干问题的解释》；2001年4月18日，最高人民检察院、公安部联合发布《关于经济犯罪案件追诉标准的规定》；2004年12月8日，最高人民法院、最高人民检察院公布《关于办理侵犯知识产权刑事案件具体应用法律若干问题的解释》。这些司法解释对侵犯知识产权罪的定罪量刑的数额标准作出了具体规定。但是，《关于办理侵犯知识产权刑事案件具体应用法律若干问题的解释》最后一条规定："以前发布的有关侵犯知识产权犯罪的司法解释，与本解释相抵触的，自本解释施行后不再适用。"因此，这个解释否定了前两个司法解释的效力，为司法机关办理侵犯知识产权犯罪案件提供了具体的适用法律依据，有效解决了保护知识产权司法活动中的疑难问题，有利于加大对知识产权刑事犯罪的打击力度。可见，从现行刑法罪名对非物质文化遗产保护的调整范围来看，知识产权罪刑规范目前发挥主要作用。

二、妨害文物犯罪的刑法规范

文物作为表现载体，对其加以保护是实现非物质文化遗产保护的前提与基础。如出土的纺织品文物，关于纺织品的图样、器具及其他实物等，除了自身外在表现形式珍贵外，它们还承载着那个时代的科学、技术、宗教信仰、生活方式、哲学理念、审美价值等精神瑰宝，是一个国家、一个民族非物质文化遗产的宝贵财富。

《刑法》分则第六章第四节"妨害文物管理罪"相关罪名的设置，就是通过对破坏某些非物质文化遗产物质载体行为的规制实现对精神文化的终极保护。例如，《刑法》第三百二十四条规定的故意损毁文物罪、故意损毁名胜古迹罪、过失损毁珍贵文物罪；第三百二十五条非法向外国人出售、赠送珍贵文物罪；第三百二十六条倒卖文物罪；第三百二十七条非法出售、私赠文物藏品罪；第三百二十八条盗掘古文化遗址、古墓葬罪，盗掘古人类化石、古脊椎动物化石罪；第三百二十九条抢夺、窃取国有档案罪，擅自出卖、转让国有档案罪。这些罪名便于规制破坏非物质文化遗产"文化空间"以及破坏与传统文化表现形式相关的器具、实物、手工制品等非物质文化遗产中的"遗产"元素的行为，最终实现非物质文化遗产的保护目的。

三、附属刑法对非物质文化遗产的保护

附属刑法对非物质文化遗产的保护，是指以附带规定于行政法、民法、经济法等非刑事法律中的罪刑规范作为处罚依据，对侵害非物质文化遗产的行为进行法律规制。在一些涉及非物质文化遗产的非刑事法律法规中，其在内容设置上都有保护非物质文化遗产的附属规范。从刑法角度来讲，根据相关规定，对于那些侵害非物质文化遗产情节严重并构成犯罪的行为，应当按照相应的刑法条文追究刑事责任。2011年6月实施的《中华人民共和国非物质文化遗产法》第三十八条规定，文化主管部门和其他有关部门的工作人员在非物质文化遗产保护、保存工作中玩忽职守、滥用职权、徇私舞弊的，依法给予处分。第四十二条规定，违反本法规定，构成犯罪的，依法追究刑事责任。明确列出了玩忽职守导致破坏国家级非物质文化遗产赖以生存的文化空间场所，贪污挪用相关国家级非物质文化遗产项目的保护资金的规定。这些附属刑法规范明确涉及刑事法律中的玩忽职守罪、挪用公款罪、贪污罪等相关罪名，这样规定的目的和本质是更好、更广泛地保护非物质文化遗产。附属刑法规范作为广义刑法的组成部分，在我国刑事法律体系中一直发挥着重要作用。充分发挥非刑事法律中的附属刑法规范的作用，有助于及时弥补刑法中的不足，更好地发挥刑法保护非物质文化遗产的作用。

第二节　我国非物质文化遗产刑法保护相关法律解读

在非物质文化遗产的刑事犯罪司法实践中，知识产权刑事犯罪，如假冒注册商标罪、假冒专利罪、销售侵权复制品罪和侵犯商业秘密罪等表现为数量大、分布广、形

式多样等特点。2020年8月31日，最高人民法院、最高人民检察院出台《关于办理侵犯知识产权刑事案件具体应用法律若干问题的解释（三）》，进一步明确和完善了司法机关对知识产权刑事案件的裁判。

一、关于非物质文化遗产犯罪相关规定的解读

（1）关于假冒注册商标罪中的"与其注册商标相同的商标"的认定，需要满足下列情形：（一）改变注册商标的字体、字母大小写或者文字横竖排列，与注册商标之间基本无差别的；（二）改变注册商标的文字、字母、数字等之间的间距，与注册商标之间基本无差别的；（三）改变注册商标颜色，不影响体现注册商标显著特征的；（四）在注册商标上仅增加商品通用名称、型号等缺乏显著特征要素，不影响体现注册商标显著特征的；（五）与立体注册商标的三维标志及平面要素基本无差别的；（六）其他与注册商标基本无差别、足以对公众产生误导的商标。

（2）在刑法第二百一十七条规定的作品、录音制品上以通常方式署名的自然人、法人或者非法人组织，应当推定为著作权人或者录音制作者，且该作品、录音制品上存在着相应权利，但有相反证明的除外。作品的著作权遵循外观主义原则，推定署名的自然人、法人或者非法人组织为作者。但是，如果他人认为其不是作者，需要提供充足的证据进行证明。

在涉案作品、录音制品种类众多且权利人分散的案件中，有证据证明涉案复制品系非法出版、复制发行，且出版者、复制发行者不能提供获得著作权人、录音制作者许可的相关证据材料的，可以认定为刑法第二百一十七条规定的"未经著作权人许可""未经录音制作者许可"。但是，有证据证明权利人放弃权利、涉案作品的著作权或者录音制品的有关权利不受我国著作权法保护、权利保护期限已经届满的除外。出版者、复制发行人未经著作权人的许可，不能进行复制发行。而且已经获得著作权人的许可这个事实的证明责任由出版者或者复制发行人来承担。但是，也有例外情况，即所发行或者复制的作品已经被作者放弃权利，或者超过权利保护期限。

（3）采取非法复制、未经授权或者超越授权使用计算机信息系统等方式窃取商业秘密的，应当认定为刑法第二百一十九条第一款第一项规定的"盗窃"。通常意义上，盗窃为秘密窃取。而在侵犯商业秘密犯罪中，将非法复制、未经授权或者超越授权窃取商业秘密的方式，如黑客攻击公司内部系统进行窃取，认定为盗窃，属于扩大解释。

以贿赂、欺诈、电子侵入等方式获取权利人的商业秘密的，应当认定为刑法第二百一十九条第一款第一项规定的"其他不正当手段"。为了明确其他不当手段的具体方式，列举了贿赂、欺诈、电子侵入三种方式，有利于对侵犯商业秘密罪的认定。

（4）实施刑法第二百一十九条规定的行为，具有下列情形之一的，应当认定为"给商业秘密的权利人造成重大损失"：（一）给商业秘密的权利人造成损失数额或者因

侵犯商业秘密违法所得数额在三十万元以上的；（二）直接导致商业秘密的权利人因重大经营困难而破产、倒闭的；（三）造成商业秘密的权利人其他重大损失的。在具体司法实践中，"给商业秘密的权利人造成重大损失"表述模糊，这里对其进行了清晰的界定，包括违法所得三十万以上，造成破产倒闭的情形。

给商业秘密的权利人造成损失数额或者因侵犯商业秘密违法所得数额在二百五十万元以上的，应当认定为刑法第二百一十九条规定的"造成特别严重后果"。

（5）实施刑法第二百一十九条规定的行为造成的损失数额或者违法所得数额，可以按照下列方式认定：（一）以不正当手段获取权利人的商业秘密，尚未披露、使用或者允许他人使用的，损失数额可以根据该项商业秘密的合理许可使用费确定；（二）以不正当手段获取权利人的商业秘密后，披露、使用或者允许他人使用的，损失数额可以根据权利人因被侵权造成销售利润的损失确定，但该损失数额低于商业秘密合理许可使用费的，根据合理许可使用费确定；（三）违反约定、权利人有关保守商业秘密的要求，披露、使用或者允许他人使用其所掌握的商业秘密的，损失数额可以根据权利人因被侵权造成销售利润的损失确定；（四）明知商业秘密是不正当手段获取或者是违反约定、权利人有关保守商业秘密的要求披露、使用、允许使用，仍获取、使用或者披露的，损失数额可以根据权利人因被侵权造成销售利润的损失确定；（五）因侵犯商业秘密行为导致商业秘密已为公众所知悉或者灭失的，损失数额可以根据该项商业秘密的商业价值确定，商业秘密的商业价值，可以根据该项商业秘密的研究开发成本、实施该项商业秘密的收益综合确定；（六）因披露或者允许他人使用商业秘密而获得的财物或者其他财产性利益，应当认定为违法所得。

前款第二项、第三项、第四项规定的权利人因被侵权造成销售利润的损失，可以根据权利人因被侵权造成销售量减少的总数乘以权利人每件产品的合理利润确定；销售量减少的总数无法确定的，可以根据侵权产品销售量乘以权利人每件产品的合理利润确定；权利人因被侵权造成销售量减少的总数和每件产品的合理利润均无法确定的，可以根据侵权产品销售量乘以每件侵权产品的合理利润确定。商业秘密系用于服务等其他经营活动的，损失数额可以根据权利人因被侵权而减少的合理利润确定。

商业秘密的权利人为减轻对商业运营、商业计划的损失或者重新恢复计算机信息系统安全、其他系统安全而支出的补救费用，应当计入给商业秘密的权利人造成的损失。

二、非物质文化遗产知识产权刑事保护的完善方向

尽管我国在知识产权刑事保护方面取得了长足进步，但在实践中仍存在诸多问题。主要表现在：第一，刑事保护与民事、行政手段衔接不力。我国知识产权刑事保护范围较窄，与民事法律体系不协调，导致衔接不畅。刑事保护与民事、行政手段的协同不力，影响了法律秩序和公民权利的动态平衡。第二，刑事保护范围不足。随着知识产权保护的强化，刑法保护对象增加，但仍存在盲区。现有七个罪名覆盖面有限，

需进一步拓展。第三，刑罚设置不科学。法律规定过于简单，操作性不强，《刑法》第二百一十三条至第二百一十五条的规定过于笼统，导致实践中难以操作；犯罪构成不合理，我国刑法要求侵犯知识产权行为达到"情节严重"才能构成犯罪，但这一标准在实践中缺乏统一性和明确性。因此，在今后需要进一步完善知识产权刑事立法，拓展知识产权刑法保护覆盖面，及时回应新情况和新问题，避免保护盲区。优化刑罚设置，确保不同犯罪行为具有明确区分度，实现精准量刑。

第三节　纺织类非物质文化遗产刑法保护典型案例

一、"瑞蚨祥"与"瑞福祥"商标之争

1. 案例基本情况

作为著名的绸缎品牌，自创立后已跨越百年，也就免不了遭遇"搭便车"式的商标纠纷。2021年5月，北京瑞蚨祥绸布店有限责任公司（以下简称北京瑞蚨祥公司）就与安徽古井贡酒股份有限公司（以下简称安徽古井贡酒公司）对簿公堂。安徽古井贡酒公司申请商标中的汉字"瑞福祥"与北京瑞蚨祥公司的"瑞蚨祥"商标仅有一字之差，且"福"与"蚨"字读音相同。而且使用在方便面食品上的商标"瑞福祥"与安徽古井贡酒公司申请的商标三个字完全相同，同时，两个商标还都申请使用在同一类商品上。

2. 案例解读分析

安徽古井贡酒公司申请的瑞福祥商标已分别与两个在先商标构成近似商标，容易导致消费者混淆，因此商评委对安徽古井贡酒公司所申请商标予以驳回。商标的混淆使用，其实质上就是对非物质文化遗产注册商标权利的侵犯，但按现行刑法规定，此种行为却不能构成假冒注册商标罪。

二、舒某、唐某用机织布冒充手工苎麻布骗取出口退税案

1. 案例基本情况

重庆荣昌被誉为"中国夏布之乡"，重庆荣昌夏布织造技艺于2008年被纳入国家级非物质文化遗产名录。打麻、挽麻芋子、绩麻、穿筘、刷浆、织布、漂洗、整形……一匹夏布的诞生，背后是10余道传承千年的手工工序。

2016—2019年，舒某、唐某等人成立了3家主营麻纺制品的"空壳公司"。随后，舒某又入股A公司，并与实际控制人李某达成协议，双方各占50%的股份，由舒某安排唐某对A公司进行管理。舒某、唐某依托上述公司，安排秦某等人租用厂房，购买机头、浆棚等生产设备，并临时雇佣人员编织夏布，制造生产假象。为了应付税务机关实地核查，舒某等人还会临时租借刘某的夏布生产厂房，捏造具备自行收购、自主生产出口货物的能力，从而获得生产出口型企业免抵退税的资格。

2020年7月，重庆市公安局接到税务部门移送的犯罪线索后，对此立案侦查。经

查，舒某、唐某等人通过虚开农产品收购发票、"循环出口"、改换包装、伪造进出口台账等手段，非法获取出口退税备案资料，累计骗取国家出口退税款5000余万元。2021年2月，公安机关以涉嫌骗取出口退税罪将舒某、唐某等人移送重庆市检察院第五分院审查起诉。

2. 案例解读分析

《刑法》第二百零四条规定，以假报出口或者其他欺骗手段，骗取国家出口退税款，数额较大的，处五年以下有期徒刑或者拘役，并处骗取税款一倍以上五倍以下罚金；数额巨大或者有其他严重情节的，处五年以上十年以下有期徒刑，并处骗取税款一倍以上五倍以下罚金；数额特别巨大或者有其他特别严重情节的，处十年以上有期徒刑或者无期徒刑，并处骗取税款一倍以上五倍以下罚金或者没收财产。我国对于从事非物质文化产业相关的企业出台了很多优惠政策，包括出口退税、免税等。本案舒某、唐某在主观上有犯罪故意，利用这些优惠政策，实施骗取出口退税的行为，数额较大，扰乱了国家对税收的管理，构成骗取出口退税罪。

三、成都市检察机关推行知识产权刑事案件"双报制"，推动蜀锦非遗产业发展

1. 案例基本情况

成都市检察机关推出的知识产权刑事案件"双报制"，即知识产权权利人在向公安机关报案的同时，将相关材料同步报送同级检察院，运用刑事检察的手段来推动非遗知识产权刑法保护。该案例入选国务院知识产权战略实施工作部际联席会议办公室公布的知识产权强国建设第一批典型案例。

2006年，蜀锦织造技艺经国务院批准列入第一批国家级非物质文化遗产名录；2009年9月，蜀锦作为"中国传统桑蚕丝织技艺"组成部分被联合国教科文组织列入人类非物质文化遗产代表作名录；2010年9月，国家质检总局批准对蜀锦实施地理标志产品保护。

2022年2月，某蜀锦企业的一位法律顾问到省区市三级知识产权检察办公室设立的双报案件受理点，向检察官说明现在市场上的假冒蜀锦特别多，严重损害蜀锦地理标志产品名誉。2022年6月，天府新区检察院进行行政公益诉讼立案，依法向行政主管部门制发诉前检察建议，督促其对销售不符合地理标志产品标准的"蜀锦"依法进行查处。行政机关立即采取行动，相关企业全面下架不符合标准商品，并主动加强进货渠道、生产渠道质量管控，确保合法经营。通过运用刑事手段和发挥检察职能，撬动蜀锦产业复兴，并在侵权违法前端构建行政、公安、检察一体联动的屏障。

2. 案例解读分析

检察机关运用刑事检察等手段开展非物质文化遗产保护领域公益诉讼工作。2021年6月印发的《中共中央关于加强新时代检察机关法律监督工作的意见》明确要求，检察机关要积极稳妥拓展公益诉讼案件范围，探索办理文物和文化遗产等领域公益损害

案件，总结实践经验，完善相关立法。近年来，检察机关积极开展公益诉讼检察工作，在促进非遗保护和传承方面发挥了重要作用。如，制定相关规范性文件。鄄城县检察院研究出台《关于全面打造"法治鲁锦·鄄检护企"品牌依法服务保障全县民营经济高质量发展的意见》，宁强县人民检察院制定了《关于充分发挥检察职能服务保障加快打造羌文化特色县城建设示范县的意见》，淮安市检察院出台了《淮安市检察机关开展"检察护企"专项行动实施方案》，虎丘区检察院出台《关于促进镇湖苏绣产业发展的若干意见》。检察机关深入开展走访，调研非遗保护现状。虎丘区检察院经过实地走访调研、大数据比对，发现市场上存在苏绣商标被抢注、仿制外观设计专利产品、底稿与刺绣作品被侵权等侵犯知识产权问题。2022年5月，虎丘区检察院向镇湖刺绣协会送达社会治理检察建议，建议加强对苏绣地理标志的管理运用，构筑商标防御体系，有效防范恶意抢注涉及苏绣"镇湖刺绣"商标等侵权行为。

四、各级检察机关运用刑事检察和公益诉讼制度保护纺织类非遗传承发展

1. 案例基本情况

我国各级检察机关积极强化刑事检察、民事检察、行政检察、公益诉讼检察"四大检察"一体履职，实现刑事打击、行政督促履职、民事责任承担相结合，推动非遗知识产权保护，使得非物质文化遗产知识产权获得有效保护。

例如，南通蓝印花布印染技艺是国家级非物质文化遗产。早在2013年，南通市检察院就在南通国际家纺城设立"知识产权保护工作中心"。该中心作为知识产权检察保护窗口，在畅通诉求渠道、帮助处理知识产权法律纠纷、打击侵犯家纺产品知识产权等方面发挥着积极作用。2019年，南通市检察机关内设机构改革，市检察院在通州区检察院着力培育了一支知识产权专业办案团队，并出台非物质文化遗产知识产权保护领域实施细则，使各地区在非遗保护中有一个落地抓手，为国家非遗项目传承保驾护航。

2014年，布依族服饰被纳入第四批国家级非物质文化遗产代表性项目名录。贵州检察机关探索办理文物和文化遗产等领域公益损害案件，总结实践经验，开展公益诉讼检察工作，在促进非遗保护和传承方面发挥了重要作用。

2024年7月8日，四川省叙永县检察院检察官前往枧槽苗族乡调研非遗保护工作，实地了解苗族蜡染、苗绣非遗技艺的保护传承情况，以及非遗技艺发展过程中面临的法律问题，向当地手艺人介绍公益诉讼在文物和文化遗产保护与传承领域的职能作用。

2. 案例解读分析

总结以上检察院运用检察建议、公益诉讼等手段保护纺织类非遗的案例，我们要充分发挥检察公益诉讼制度优势，发挥非物质文化遗产项目刑事检察职能，发挥非遗保护公益诉讼职能。

（1）开展调查，找准非遗保护切入点。检察机关公益诉讼办案团队通过实地走访非遗传承人、研究专家等，总结梳理非遗项目在抢救性、分级性、整体性、传承性保

护中存在的问题与线索。针对部分非遗项目存在的抢救性保护措施不多、传承性保护力度不够、整体性保护意识不强等问题，检察机关先后向相关部门制发公益诉讼诉前检察建议，督促其依法履行非遗保护主体责任。

（2）协同履职，提升检察建议实效性。检察机关充分发挥"政府检联动"机制优势，把"府检联席会议"作为组织保障，以法治化的方式推动解决机制性难题。跟进监督检察建议落实中，检察官注重与行政机关工作人员共同研究解决制约非遗项目传承发展的瓶颈性问题。

（3）能动履职，提升非遗保护法治化水平。检察机关深入研究非遗领域行政公益诉讼相关工作，逐步形成"以案件办理促进社会治理、以社会治理促进完善立法、以完善立法健全公益诉讼制度"的非遗领域行政公益诉讼模式，以法治化方式助推非遗传承保护提质增效。

课后习题

（1）涉及非物质文化遗产的罪名有哪些？

（2）简述在完善非遗的商标和专利的刑事保护方面的主要内容。

课后实践

请结合我国非遗保护的相关刑事立法，调研所在地区对纺织类非物质文化遗产开展刑事法律保护的现状和问题。

参考文献

［1］张洁. 非物质文化遗产法律保护研究［M］. 北京：中国法制出版社，2018.

［2］张艳华. 我国非物质文化遗产的法律保护研究以大理市非遗保护为例［M］. 北京：新华出版社，2022.

［3］李小苹. 非物质文化遗产法律保护研究［M］. 北京：中国社会科学出版社，2022.

［4］赵虎敬. 河北省非物质文化遗产法律保护［M］. 北京：中国政法大学出版社，2022.

［5］韩小兵. 中国少数民族非物质文化遗产法律保护基本问题研究［M］. 北京：中央民族大学出版社，2011.

［6］才让塔. 少数民族非物质文化遗产法律保护研究：以青海热贡为例［M］. 北京：中国政法大学出版社，2015.

［7］王鹤云，高绍安. 中国非物质文化遗产保护法律机制研究［M］. 北京：知识产权出版社，2009.

［8］中华人民共和国非物质文化遗产保护法［M］. 北京：法律出版社，2011.

［9］高轩. 我国非物质文化遗产行政法保护研究［M］. 北京：法律出版社，2012.

［10］田艳. 少数民族非物质文化遗产传承人法律保护研究［M］. 北京：中央民族大学出版社，2017.

［11］李树文，信春鹰，袁曙宏，等. 非物质文化遗产法律指南［M］. 北京：文化艺术出版社，2011.

［12］非物质文化遗产司. 非物质文化遗产保护法律法规资料汇编［M］. 北京：文化艺术出版社，2013.

［13］曹德明. 国外非物质文化遗产保护的经验与启示［M］. 北京：社会科学文献出版社，2018.

［14］文化部外联局. 联合国教科文组织保护世界文化公约选编（中英对照）［M］. 北京：法律出版社，2006.

［15］朱兵. 《中华人民共和国非物质文化遗产法》的主要内容与制度解读［J］. 中国非物质文化遗产，2021（1）：6-14.

［16］游志能，陈小华. 略论我国传统知识保护法律制度：兼评《非物质文化遗产法》中的几个问题［J］. 湖南人文科技学院学报，2012，（3）：8-11.

［17］贾学胜，严永和. 非物质文化遗产的刑法保护及其完善［J］. 电子知识产权，2008（3）：36-39.

［18］苏喆，张建梅. 论非物质文化遗产的著作权保护［J］. 东华大学学报（社会科学版），2009，9（3）：209-212.

［19］黄捷. 我国非物质文化遗产传承人法律保护制度运行检视与本土化构建［J］. 学术论坛，2024，47（3）：137-148.

［20］穆赤·云登嘉措，张静. 西藏非物质文化遗产法律保护的路径研究［J］. 西藏研究，2023（1）：127-132，159.

［21］严永和，妥学进. 论我国非物质文化遗产公益诉讼制度的构建［J］. 文化遗产，2021（4）：37-48.

［22］张璐. 基于文化共同体构建的民族非物质文化遗产保护探究［J］. 贵州民族研究，2019，40（6）：59-62.

［23］刘春荣. 少数民族非物质文化遗产的法律保护研究［J］. 黑龙江民族丛刊，2018（4）：126-132.

［24］丁朋超. 论中国非物质文化遗产的行政法律保护［J］. 北京理工大学学报（社会科学版），2018，20（1）：136-142.

［25］娜仁图雅，吴大华. 我国非物质文化遗产传承人法律保护研究［J］. 贵州民族研究，2017，38（9）：28-32.

［26］王玉婷. 浅议非物质文化遗产的法律保护［J］. 自然与文化遗产研究，2019，4（8）：18-20.

［27］彭岚嘉. 物质文化遗产与非物质文化遗产的关系［J］. 西北师大学报（社会科学版），2006，43（6）：102-104.

［28］高轩. 我国非物质文化遗产行政法保护立法模式选择［J］. 甘肃社会科学，2009（3）：33-36.

［29］刘源. 论我国非物质文化遗产的立法保护［J］. 行政与法，2008（7）：112-115.

［30］王万平.《非物质文化遗产保护法》的立法目的分析［J］. 人大研究，2009（5）：28-29.

［31］朱兵. 我国非物质文化遗产保护与立法［J］. 文化遗产，2012（2）：1-16，157.

［32］詹瑜璞. 依法保护非物质文化遗产［J］. 民主，2011（4）：31-34.

［33］唐璐璐.《保护非物质文化遗产公约》释义［J］. 中国非物质文化遗产，2021（6）：109-113.

［34］佚名. 依法保护·重在传承：《非物质文化遗产法》具有里程碑意义［J］. 福建艺术，2011（2）：1.

［35］保护和促进文化表现形式多样性公约［J］. 中华人民共和国全国人民代表大会常务委员会公报，2007（1）：21-30.

［36］保护非物质文化遗产公约［J］. 中华人民共和国全国人民代表大会常务委员会公报，2006（2）：138-145.

［37］国家级非物质文化遗产代表性传承人认定与管理办法［J］. 中华人民共和国国务院公报，2020（5）：29-31.

［38］中华人民共和国非物质文化遗产法［J］. 中华人民共和国最高人民检察院公报，2011（6）：1-5.

［39］最高人民法院关于发布第十批指导性案例的通知［J］. 中华人民共和国最高人民法院公报，2015（10）：11-35.

［40］民间文学艺术作品的知识产权法律保护［J］. 今日科技，2016（3）：26.

［41］最高人民法院、最高人民检察院关于办理侵犯知识产权刑事案件具体应用法律若干问题的解释（三）［J］. 中华人民共和国最高人民检察院公报，2020（6）：8-10.

［42］罗宗奎，王芳，孟波. 非物质文化遗产的商标侵害：机理和对策［J］. 中华商标，2021（12）：50-56.

［43］李铁柱. 专家解读《非物质文化遗产法》立法亮点［OL］.（2011-6-2）［2024-2-18］.http://www.locallaw.gov.cn/dflfw/Desktop.aspx?PATH=dflfw/sy/xxll&Gid=81487f7a-7a17-47f6-a8e4-c06d1f0c125c&Tid=Cms_Info

附录一　非物质文化遗产相关法律法规

国家级非物质文化遗产保护与管理暂行办法

（中华人民共和国文化部令第39号公布，已经2006年10月25日
文化部部务会议审议通过，自2006年12月1日起施行）

第一条　为有效保护和传承国家级非物质文化遗产，加强保护工作的管理，特制定本办法。

第二条　本办法所称"国家级非物质文化遗产"是指列入国务院批准公布的国家级非物质文化遗产名录中的所有非物质文化遗产项目。

第三条　国家级非物质文化遗产的保护，实行"保护为主、抢救第一、合理利用、传承发展"的方针，坚持真实性和整体性的保护原则。

第四条　国务院文化行政部门负责组织、协调和监督全国范围内国家级非物质文化遗产的保护工作。

省级人民政府文化行政部门负责组织、协调和监督本行政区域内国家级非物质文化遗产的保护工作。

国家级非物质文化遗产项目所在地人民政府文化行政部门，负责组织、监督该项目的具体保护工作。

第五条　国务院文化行政部门组织制定国家级非物质文化遗产保护整体规划，并定期对规划的实施情况进行检查。

省级人民政府文化行政部门组织制定本行政区域内国家级非物质文化遗产项目的保护规划，经国务院文化行政部门批准后组织实施，并于每年十一月底前向国务院文化行政部门提交保护规划本年度实施情况和下一年度保护工作计划。

第六条　国家级非物质文化遗产项目应当确定保护单位，具体承担该项目的保护与传承工作。保护单位的推荐名单由该项目的申报地区或者单位提出，经省级文化行政部门组织专家审议后，报国务院文化行政部门认定。

第七条　国家级非物质文化遗产项目保护单位应具备以下基本条件：

（一）有该项目代表性传承人或者相对完整的资料；

（二）有实施该项目保护计划的能力；

（三）有开展传承、展示活动的场所和条件。

第八条　国家级非物质文化遗产项目保护单位应当履行以下职责：

（一）全面收集该项目的实物、资料，并登记、整理、建档；

（二）为该项目的传承及相关活动提供必要条件；

（三）有效保护该项目相关的文化场所；

（四）积极开展该项目的展示活动；

（五）向负责该项目具体保护工作的当地人民政府文化行政部门报告项目保护实施情况，并接受监督。

第九条　国务院文化行政部门统一制作国家级非物质文化遗产项目标牌，由省级人民政府文化行政部门交该项目保护单位悬挂和保存。

第十条　国务院文化行政部门对国家级非物质文化遗产项目保护给予必要的经费资助。

县级以上人民政府文化行政部门应当积极争取当地政府的财政支持，对在本行政区域内的国家级非物质文化遗产项目的保护给予资助。

第十一条　国家级非物质文化遗产项目保护单位根据自愿原则，提出该项目代表性传承人的推荐名单，经省级人民政府文化行政部门组织专家评议后，报国务院文化行政部门批准。

第十二条　国家级非物质文化遗产项目代表性传承人应当符合以下条件：

（一）完整掌握该项目或者其特殊技能；

（二）具有该项目公认的代表性、权威性与影响力；

（三）积极开展传承活动，培养后继人才。

第十三条　国家级非物质文化遗产项目代表性传承人应当履行传承义务；丧失传承能力、无法履行传承义务的，应当按照程序另行认定该项目代表性传承人；怠于履行传承义务的，取消其代表性传承人的资格。

第十四条　国务院文化行政部门组织建立国家级非物质文化遗产数据库。有条件的地方，应建立国家级非物质文化遗产博物馆或者展示场所。

第十五条　国务院文化行政部门组织制定国家级非物质文化遗产实物资料等级标准和出入境标准。其中经文物部门认定为文物的，适用文物保护法律法规的有关规定。

第十六条　国家级非物质文化遗产项目保护单位和相关实物资料的保护机构应当建立健全规章制度，妥善保管实物资料，防止损毁和流失。

第十七条　县级以上人民政府文化行政部门应当鼓励、支持通过节日活动、展览、培训、教育、大众传媒等手段，宣传、普及国家级非物质文化遗产知识，促进其传承和社会共享。

第十八条　省级人民政府文化行政部门应当对国家级非物质文化遗产项目所依存的文化场所划定保护范围，制作标识说明，进行整体性保护，并报国务院文化行政部门备案。

第十九条　省级人民政府文化行政部门可以选择本行政区域内的国家级非物质文化遗产项目，为申报联合国教科文组织"人类非物质文化遗产代表作"，向国务院文化行政部门提出申请。

第二十条　国家级非物质文化遗产项目的名称和保护单位不得擅自变更；未经国务院文化行政部门批准，不得对国家级非物质文化遗产项目标牌进行复制或者转让。

国家级非物质文化遗产项目的域名和商标注册和保护，依据相关法律法规执行。

第二十一条　利用国家级非物质文化遗产项目进行艺术创作、产品开发、旅游活动等，应当尊重其原真形式和文化内涵，防止歪曲与滥用。

第二十二条　国家级非物质文化遗产项目含有国家秘密的，应当按照国家保密法律法规的规定确定密级，予以保护；含有商业秘密的，按照国家有关法律法规执行。

第二十三条　各级人民政府文化行政部门应当鼓励和支持企事业单位、社会团体和个人捐赠国家级非物质文化遗产实物资料或者捐赠资金和实物用于国家级非物质文化遗产保护。

第二十四条　国务院文化行政部门对在国家级非物质文化遗产保护工作中有突出贡献的单位和个人，给予表彰奖励。

第二十五条　国务院文化行政部门定期组织对国家级非物质文化遗产项目保护情况的检查。

国家级非物质文化遗产项目保护单位有下列行为之一的，由县级以上人民政府文化行政部门责令改正，并视情节轻重予以警告、严重警告，直至解除其保护单位资格：

（一）擅自复制或者转让标牌的；

（二）侵占国家级非物质文化遗产珍贵实物资料的；

（三）怠于履行保护职责的。

第二十六条　有下列行为之一的，对负有责任的主管人员和其他直接责任人员依法给予行政处分；构成犯罪的，依法追究刑事责任：

（一）擅自变更国家级非物质文化遗产项目名称或者保护单位的；

（二）玩忽职守，致使国家级非物质文化遗产所依存的文化场所及其环境造成破坏的；

（三）贪污、挪用国家级非物质文化遗产项目保护经费的。

第二十七条　本办法由国务院文化行政部门负责解释。

第二十八条　本办法自2006年12月1日起施行。

国家级非物质文化遗产代表性传承人认定与管理办法

（中华人民共和国文化和旅游部令第3号公布，已经2019年11月12日文化和旅游部部务会议审议通过，自2020年3月1日起施行）

第一条　为传承弘扬中华优秀传统文化，有效保护和传承非物质文化遗产，鼓励和支持国家级非物质文化遗产代表性传承人开展传承活动，根据《中华人民共和国非物质文化遗产法》等有关法律法规，制定本办法。

第二条　本办法所称国家级非物质文化遗产代表性传承人，是指承担国家级非物质文化遗产代表性项目传承责任，在特定领域内具有代表性，并在一定区域内具有较大影响，经文化和旅游部认定的传承人。

第三条　国家级非物质文化遗产代表性传承人的认定与管理应当以习近平新时代中国特色社会主义思想为指导，坚持以人民为中心，弘扬社会主义核心价值观，保护传承非物质文化遗产，推动中华优秀传统文化创造性转化、创新性发展。

第四条　国家级非物质文化遗产代表性传承人的认定与管理应当立足于完善非物质文化遗产传承体系，增强非物质文化遗产的存续力，尊重传承人的主体地位和权利，注重社区和群体的认同感。

第五条　国家级非物质文化遗产代表性传承人应当锤炼忠诚、执着、朴实的品格，增强使命和担当意识，提高传承实践能力，在开展传承、传播等活动时遵守宪法和法律法规，遵守社会公德，坚持正确的历史观、国家观、民族观、文化观，铸牢中华民族共同体意识，不得以歪曲、贬损等方式使用非物质文化遗产。

第六条　文化和旅游部一般每五年开展一批国家级非物质文化遗产代表性传承人认定工作。

第七条　认定国家级非物质文化遗产代表性传承人，应当坚持公开、公平、公正的原则，严格履行申报、审核、评审、公示、审定、公布等程序。

第八条　符合下列条件的中国公民可以申请或者被推荐为国家级非物质文化遗产代表性传承人：

（一）长期从事该项非物质文化遗产传承实践，熟练掌握其传承的国家级非物质文化遗产代表性项目知识和核心技艺；

（二）在特定领域内具有代表性，并在一定区域内具有较大影响；

（三）在该项非物质文化遗产的传承中具有重要作用，积极开展传承活动，培养后继人才；

（四）爱国敬业，遵纪守法，德艺双馨。

从事非物质文化遗产资料收集、整理和研究的人员不得认定为国家级非物质文化遗产代表性传承人。

第九条　公民提出国家级非物质文化遗产代表性传承人申请的，应当向国家级非物质文化遗产代表性项目所在地文化和旅游主管部门如实提交下列材料：

（一）申请人姓名、民族、从业时间、被认定为地方非物质文化遗产代表性传承人时间等基本情况；

（二）申请人的传承谱系或师承脉络、学习与实践经历；

（三）申请人所掌握的非物质文化遗产知识和核心技艺、成就及相关的证明材料；

（四）申请人授徒传艺、参与社会公益性活动等情况；

（五）申请人持有该项目的相关实物、资料的情况；

（六）申请人志愿从事非物质文化遗产传承活动，履行代表性传承人相关义务的声明；

（七）其他有助于说明申请人具有代表性和影响力的材料。

中央各部门直属单位可以通过其主管单位直接向文化和旅游部推荐国家级非物质文化遗产代表性传承人，推荐材料应当包括前款各项内容。

第十条　文化和旅游主管部门收到申请材料或者推荐材料后，应当组织专家进行审核并逐级上报。

省级文化和旅游主管部门收到上述材料后，应当组织审核，提出推荐人选和审核意见，连同申报材料和审核意见一并报送文化和旅游部。

第十一条　文化和旅游部应当对收到的申请材料或者推荐材料进行复核。符合要求的，进入评审程序；不符合要求的，退回材料并说明理由。

第十二条　文化和旅游部应当组织专家评审组和评审委员会，对推荐认定为国家级非物质文化遗产代表性传承人的人选进行初评和审议。根据需要，可以安排现场答辩环节。

评审委员会对初评人选进行审议，提出国家级非物质文化遗产代表性传承人推荐人选。

第十三条　文化和旅游部对评审委员会提出的国家级非物质文化遗产代表性传承人推荐人选向社会公示，公示期为20日。

第十四条　公民、法人或者其他组织对国家级非物质文化遗产代表性传承人推荐人选有异议的，可以在公示期间以书面形式实名向文化和旅游部提出。

第十五条　文化和旅游部根据评审委员会的审议意见和公示结果，审定国家级非物质文化遗产代表性传承人名单，并予以公布。

第十六条　文化和旅游部应当建立国家级非物质文化遗产代表性传承人档案，并及时更新相关信息。

档案内容主要包括传承人基本信息、参加学习培训、开展传承活动、参与社会公益性活动情况等。

第十七条　文化和旅游主管部门根据需要采取下列措施，支持国家级非物质文化遗产代表性传承人开展传承、传播等活动：

（一）提供必要的传承场所；

（二）提供必要的经费资助其开展授徒、传艺、交流等活动；

（三）指导、支持其开展非物质文化遗产记录、整理、建档、研究、出版、展览展示展演等活动；

（四）支持其参加学习、培训；

（五）支持其参与社会公益性活动；

（六）支持其开展传承、传播等活动的其他措施。

对无经济收入来源、生活确有困难的国家级非物质文化遗产代表性传承人，所在地文化和旅游主管部门应当协调有关部门积极创造条件，并鼓励社会组织和个人提供资助，保障其基本生活需求。

第十八条　国家级非物质文化遗产代表性传承人承担下列义务：

（一）开展传承活动，培养后继人才；

（二）妥善保存相关实物、资料；

（三）配合文化和旅游主管部门及其他有关部门进行非物质文化遗产调查；

（四）参与非物质文化遗产公益性宣传等活动。

第十九条　省级文化和旅游主管部门应当根据实际情况，列明国家级非物质文化遗产代表性传承人义务，明确传习计划和具体目标任务，报文化和旅游部备案。

国家级非物质文化遗产代表性传承人应当每年向省级文化和旅游主管部门提交传承情况报告。

第二十条　省级文化和旅游主管部门根据传习计划应当于每年6月30日前对上一年度国家级非物质文化遗产代表性传承人义务履行和传习补助经费使用情况进行评估，在广泛征求意见的基础上形成评估报告，报文化和旅游部备案。

评估结果作为享有国家级非物质文化遗产代表性传承人资格、给予传习补助的主要依据。

第二十一条　文化和旅游部按照有关规定，会同有关部门对做出突出贡献的国家级非物质文化遗产代表性传承人予以表彰和奖励。

第二十二条　有下列情形之一的，经省级文化和旅游主管部门核实后，文化和旅游部取消国家级非物质文化遗产代表性传承人资格，并予以公布：

（一）丧失中华人民共和国国籍的；

（二）采取弄虚作假等不正当手段取得资格的；

（三）无正当理由不履行义务，累计两次评估不合格的；

（四）违反法律法规或者违背社会公德，造成重大不良社会影响的；

（五）自愿放弃或者其他应当取消国家级非物质文化遗产代表性传承人资格的

情形。

第二十三条 国家级非物质文化遗产代表性传承人去世的，省级文化和旅游主管部门可以采取适当方式表示哀悼，组织开展传承人传承事迹等宣传报道，并及时将相关情况报文化和旅游部。

第二十四条 省、自治区、直辖市文化和旅游主管部门可以参照本办法，制定本行政区域内非物质文化遗产代表性传承人的认定与管理办法。

中央各部门直属单位国家级非物质文化遗产代表性传承人的管理参照本办法相关规定执行。

第二十五条 本办法由文化和旅游部负责解释。

第二十六条 本办法自2020年3月1日起施行。原文化部2008年5月14日发布的《国家级非物质文化遗产项目代表性传承人认定与管理暂行办法》同时废止。

保护非物质文化遗产公约

第一章 总则

第一条：本公约的宗旨

本公约的宗旨如下：

（一）保护非物质文化遗产；

（二）尊重有关社区、群体和个人的非物质文化遗产；

（三）在地方、国家和国际一级提高对非物质文化遗产及其相互欣赏的重要性的意识；

（四）开展国际合作及提供国际援助。

第二条：定义

在本公约中：

（一）"非物质文化遗产"，指被各社区、群体，有时是个人，视为其文化遗产组成部分的各种社会实践、观念表述、表现形式、知识、技能以及相关的工具、实物、手工艺品和文化场所。这种非物质文化遗产世代相传，在各社区和群体适应周围环境以及与自然和历史的互动中，被不断地再创造，为这些社区和群体提供认同感和持续感，从而增强对文化多样性和人类创造力的尊重。在本公约中，只考虑符合现有的国际人权文件，各社区、群体和个人之间相互尊重的需要和顺应可持续发展的非物质文化遗产。

（二）按上述第（一）项的定义，"非物质文化遗产"包括以下方面：

1.口头传统和表现形式，包括作为非物质文化遗产媒介的语言；

2.表演艺术；

3.社会实践、仪式、节庆活动；

4.有关自然界和宇宙的知识和实践；

5.传统手工艺。

（三）"保护"指确保非物质文化遗产生命力的各种措施，包括这种遗产各个方面的确认、立档、研究、保存、保护、宣传、弘扬、传承（特别是通过正规和非正规教育）和振兴。

（四）"缔约国"指受本公约约束且本公约在它们之间也通用的国家。

（五）本公约经必要修改对根据第三十三条所述之条件成为其缔约方之领土也适用。在此意义上，"缔约国"亦指这些领土。

第三条：与其他国际文书的关系

本公约的任何条款均不得解释为：

（一）改变与任一非物质文化遗产直接相关的世界遗产根据1972年《保护世界文

化和自然遗产公约》所享有的地位，或降低其受保护的程度；

（二）影响缔约国从其作为缔约方的任何有关知识产权或使用生物和生态资源的国际文书所获得的权利和所负有的义务。

第二章　公约的有关机关

第四条：缔约国大会

一、兹建立缔约国大会，下称"大会"。大会为本公约的最高权力机关。

二、大会每两年举行一次常会。如若它作出此类决定或政府间保护非物质文化遗产委员会或至少三分之一的缔约国提出要求，可举行特别会议。

三、大会应通过自己的议事规则。

第五条：政府间保护非物质文化遗产委员会

一、兹在教科文组织内设立政府间保护非物质文化遗产委员会，下称"委员会"。在本公约依照第三十四条的规定生效之后，委员会由参加大会之缔约国选出的18个缔约国的代表组成。

二、在本公约缔约国的数目达到50个之后，委员会委员国的数目将增至24个。

第六条：委员会委员国的选举和任期

一、委员会委员国的选举应符合公平的地理分配和轮换原则。

二、委员会委员国由本公约缔约国大会选出，任期四年。

三、但第一次选举当选的半数委员会委员国的任期为两年。这些国家在第一次选举后抽签指定。

四、大会每两年对半数委员会委员国进行换届。

五、大会还应选出填补空缺席位所需的委员会委员国。

六、委员会委员国不得连选连任两届。

七、委员会委员国应选派在非物质文化遗产各领域有造诣的人士为其代表。

第七条：委员会的职能

在不妨碍本公约赋予委员会的其他职权的情况下，其职能如下：

（一）宣传公约的目标，鼓励并监督其实施情况；

（二）就好的做法和保护非物质文化遗产的措施提出建议；

（三）按照第二十五条的规定，拟订利用基金资金的计划并提交大会批准；

（四）按照第二十五条的规定，努力寻求增加其资金的方式方法，并为此采取必要的措施；

（五）拟订实施公约的业务指南并提交大会批准；

（六）根据第二十九条的规定，审议缔约国的报告并将报告综述提交大会；

（七）根据委员会制定的、大会批准的客观遴选标准，审议缔约国提出的申请并就以下事项作出决定：

1.列入第十六条、第十七条和第十八条述及的名录和提名；

2.按照第二十二条的规定提供国际援助。

第八条：委员会的工作方法

一、委员会对大会负责。它向大会报告自己的所有活动和决定。

二、委员会以其委员的三分之二多数通过自己的议事规则。

三、委员会可设立其认为执行任务所需的临时特设咨询机构。

四、委员会可邀请在非物质文化遗产各领域确有专长的任何公营或私营机构以及任何自然人参加会议，就任何具体的问题向其请教。

第九条：咨询组织的认证

一、委员会应建议大会认证在非物质文化遗产领域确有专长的非政府组织具有向委员会提供咨询意见的能力。

二、委员会还应向大会就此认证的标准和方式提出建议。

第十条：秘书处

一、委员会由教科文组织秘书处协助。

二、秘书处起草大会和委员会文件及其会议的议程草案和确保其决定的执行。

第三章　在国家一级保护非物质文化遗产

第十一条：缔约国的作用

各缔约国应该：

（一）采取必要措施确保其领土上的非物质文化遗产受到保护；

（二）在第二条第（三）项提及的保护措施内，由各社区、群体和有关非政府组织参与，确认和确定其领土上的各种非物质文化遗产。

第十二条：清单

一、为了使其领土上的非物质文化遗产得到确认以便加以保护，各缔约国应根据自己的国情拟订一份或数份关于这类遗产的清单，并应定期加以更新。

二、各缔约国在按第二十九条的规定定期向委员会提交报告时，应提供有关这些清单的情况。

第十三条：其他保护措施

为了确保其领土上的非物质文化遗产得到保护、弘扬和展示，各缔约国应努力做到：

（一）制定一项总的政策，使非物质文化遗产在社会中发挥应有的作用，并将这种遗产的保护纳入规划工作；

（二）指定或建立一个或数个主管保护其领土上的非物质文化遗产的机构；

（三）鼓励开展有效保护非物质文化遗产，特别是濒危非物质文化遗产的科学、技术和艺术研究以及方法研究；

（四）采取适当的法律、技术、行政和财政措施，以便：

1.促进建立或加强培训管理非物质文化遗产的机构以及通过为这种遗产提供活动

和表现的场所和空间，促进这种遗产的传承；

2.确保对非物质文化遗产的享用，同时对享用这种遗产的特殊方面的习俗做法予以尊重；

3.建立非物质文化遗产文献机构并创造条件促进对它的利用。

第十四条：教育、宣传和能力培养

各缔约国应竭力采取种种必要的手段，以便：

（一）使非物质文化遗产在社会中得到确认、尊重和弘扬，主要通过：

1.向公众，尤其是向青年进行宣传和传播信息的教育计划；

2.有关社区和群体的具体的教育和培训计划；

3.保护非物质文化遗产，尤其是管理和科研方面的能力培养活动；

4.非正规的知识传播手段。

（二）不断向公众宣传对这种遗产造成的威胁以及根据本公约所开展的活动；

（三）促进保护表现非物质文化遗产所需的自然场所和纪念地点的教育。

第十五条：社区、群体和个人的参与

缔约国在开展保护非物质文化遗产活动时，应努力确保创造、延续和传承这种遗产的社区、群体，有时是个人的最大限度的参与，并吸收他们积极地参与有关的管理。

第四章　在国际一级保护非物质文化遗产

第十六条：人类非物质文化遗产代表作名录

一、为了扩大非物质文化遗产的影响，提高对其重要意义的认识和从尊重文化多样性的角度促进对话，委员会应该根据有关缔约国的提名编辑、更新和公布人类非物质文化遗产代表作名录。

二、委员会拟订有关编辑、更新和公布此代表作名录的标准并提交大会批准。

第十七条：急需保护的非物质文化遗产名录

一、为了采取适当的保护措施，委员会编辑、更新和公布急需保护的非物质文化遗产名录，并根据有关缔约国的要求将此类遗产列入该名录。

二、委员会拟订有关编辑、更新和公布此名录的标准并提交大会批准。

三、委员会在极其紧急的情况（其具体标准由大会根据委员会的建议加以批准）下，可与有关缔约国协商将有关的遗产列入第一款所提之名录。

第十八条：保护非物质文化遗产的计划、项目和活动

一、在缔约国提名的基础上，委员会根据其制定的、大会批准的标准，兼顾发展中国家的特殊需要，定期遴选并宣传其认为最能体现本公约原则和目标的国家、分地区或地区保护非物质文化遗产的计划、项目和活动。

二、为此，委员会接受、审议和批准缔约国提交的关于要求国际援助拟订此类提名的申请。

三、委员会按照它确定的方式，配合这些计划、项目和活动的实施，随时推广有

关经验。

第五章　国际合作与援助

第十九条：合作

一、在本公约中，国际合作主要是交流信息和经验，采取共同的行动，以及建立援助缔约国保护非物质文化遗产工作的机制。

二、在不违背国家法律规定及其习惯法和习俗的情况下，缔约国承认保护非物质文化遗产符合人类的整体利益，保证为此目的在双边、分地区、地区和国际各级开展合作。

第二十条：国际援助的目的

可为如下目的提供国际援助：

（一）保护列入《急需保护的非物质文化遗产名录》的遗产；

（二）按照第十一条和第十二条的精神编制清单；

（三）支持在国家、分地区和地区开展的保护非物质文化遗产的计划、项目和活动；

（四）委员会认为必要的其他一切目的。

第二十一条：国际援助的形式

第七条的业务指南和第二十四条所指的协定对委员会向缔约国提供援助作了规定，可采取的形式如下：

（一）对保护这种遗产的各个方面进行研究；

（二）提供专家和专业人员；

（三）培训各类所需人员；

（四）制订准则性措施或其他措施；

（五）基础设施的建立和营运；

（六）提供设备和技能；

（七）其他财政和技术援助形式，包括在必要时提供低息贷款和捐助。

第二十二条：国际援助的条件

一、委员会确定审议国际援助申请的程序和具体规定申请的内容，包括打算采取的措施、必须开展的工作及预计的费用。

二、如遇紧急情况，委员会应对有关援助申请优先审议。

三、委员会在作出决定之前，应进行其认为必要的研究和咨询。

第二十三条：国际援助的申请

一、各缔约国可向委员会递交国际援助的申请，保护在其领土上的非物质文化遗产。

二、此类申请亦可由两个或数个缔约国共同提出。

三、申请应包含第二十二条第一款规定的所有资料和所有必要的文件。

第二十四条：受援缔约国的任务

一、根据本公约的规定，国际援助应依据受援缔约国与委员会之间签署的协定来提供。

二、受援缔约国通常应在自己力所能及的范围内分担国际所援助的保护措施的费用。

三、受援缔约国应向委员会报告关于使用所提供的保护非物质文化遗产援助的情况。

第六章　非物质文化遗产基金

第二十五条：基金的性质和资金来源

一、兹建立一项"保护非物质文化遗产基金"，下称"基金"。

二、根据教科文组织《财务条例》的规定，此项基金为信托基金。

三、基金的资金来源包括：

（一）缔约国的纳款。

（二）教科文组织大会为此所拨的资金。

（三）以下各方可能提供的捐款、赠款或遗赠：

1.其他国家；

2.联合国系统各组织和各署（特别是联合国开发计划署）以及其他国际组织；

3.公营或私营机构或个人。

（四）基金的资金所得的利息。

（五）为本基金募集的资金和开展活动之所得。

（六）委员会制定的基金条例所许可的所有其他资金。

四、委员会对资金的使用视大会的方针来决定。

五、委员会可接受用于某些项目的一般或特定目的的捐款及其他形式的援助，只要这些项目已获委员会的批准。

六、对基金的捐款不得附带任何与本公约所追求之目标不相符的政治、经济或其他条件。

第二十六条：缔约国对基金的纳款

一、在不妨碍任何自愿补充捐款的情况下，本公约缔约国至少每两年向基金纳一次款，其金额由大会根据适用于所有国家的统一的纳款额百分比加以确定。缔约国大会关于此问题的决定由出席会议并参加表决，但未作本条第二款中所述声明的缔约国的多数通过。在任何情况下，此纳款都不得超过缔约国对教科文组织正常预算纳款的百分之一。

二、但是，本公约第三十二条或第三十三条中所指的任何国家均可在交存批准书、接受书、核准书或加入书时声明不受本条第一款规定的约束。

三、已作本条第二款所述声明的本公约缔约国应努力通知联合国教育、科学及文化组织总干事收回所作声明。但是，收回声明之举不得影响该国在紧接着的下一届大会开幕之日前应缴的纳款。

四、为使委员会能够有效地规划其工作，已作本条第二款所述声明的本公约缔约国至少应每两年定期纳一次款，纳款额应尽可能接近它们按本条第一款规定应交的数额。

五、凡拖欠当年和前一日历年的义务纳款或自愿捐款的本公约缔约国不能当选为委员会委员，但此项规定不适用于第一次选举。已当选为委员会委员的缔约国的任期应在本公约第六条规定的选举之时终止。

第二十七条：基金的自愿补充捐款

除了第二十六条所规定的纳款，希望提供自愿捐款的缔约国应及时通知委员会以使其能对相应的活动作出规划。

第二十八条：国际筹资运动

缔约国应尽力支持在教科文组织领导下为该基金发起的国际筹资运动。

第七章 报告

第二十九条：缔约国的报告

缔约国应按照委员会确定的方式和周期向其报告它们为实施本公约而通过的法律、规章条例或采取的其他措施的情况。

第三十条：委员会的报告

一、委员会应在其开展的活动和第二十九条提及的缔约国报告的基础上，向每届大会提交报告。

二、该报告应提交教科文组织大会。

第八章 过渡条款

第三十一条：与宣布人类口述和非物质遗产代表作的关系

一、委员会应把在本公约生效前宣布为"人类口述和非物质遗产代表作"的遗产纳入人类非物质文化遗产代表作名录。

二、把这些遗产纳入人类非物质文化遗产代表作名录绝不是预设按第十六条第二款将确定的今后列入遗产的标准。

三、在本公约生效后，将不再宣布其他任何人类口头和非物质遗产代表作。

第九章 最后条款

第三十二条：批准、接受或赞同

一、本公约须由教科文组织会员国根据各自的宪法程序予以批准、接受或核准。

二、批准书、接受书或赞同书应交存教科文组织总干事。

第三十三条：加入

一、所有非教科文组织会员国的国家，经本组织大会邀请，均可加入本公约。

二、没有完全独立，但根据联合国大会第1514（XV）号决议被联合国承认为充分享有内部自治，并且有权处理本公约范围内的事宜，包括有权就这些事宜签署协议的地区也可加入本公约。

三、加入书应交存教科文组织总干事。

第三十四条：生效

本公约在第三十份批准书、接受书、赞同书或加入书交存之日起的三个月后生效，但只涉及在该日或该日之前交存批准书、接受书、赞同书或加入书的国家。对其他缔约国来说，本公约则在这些国家的批准书、接受书、赞同书或加入书交存之日起的三个月之后生效。

第三十五条：联邦制或非统一立宪制

对实行联邦制或非统一立宪制的缔约国实行下述规定：

（一）在联邦或中央立法机构的法律管辖下实施本公约各项条款的国家的联邦或中央政府的义务与非联邦国家的缔约国的义务相同；

（二）在构成联邦，但无须按照联邦立宪制采取立法手段的各个国家、地区、省或州的法律管辖下实施本公约的各项条款时，联邦政府应将这些条款连同其关于通过这些条款的建议一并通知各个国家、地区、省或州的主管当局。

第三十六条：退出

一、各缔约国均可宣布退出本公约。

二、退约应以书面退约书的形式通知教科文组织总干事。

三、退约在接到退约书十二个月之后生效。在退约生效日之前不得影响退约国承担的财政义务。

第三十七条：保管人的职责

教科文组织总干事作为本公约的保管人，应将第三十二条和第三十三条规定交存的所有批准书、接受书、赞同书或加入书和第三十六条规定的退约书的情况通告本组织各会员国、第三十三条提到的非本组织会员国的国家和联合国。

第三十八条：修订

一、任何缔约国均可书面通知总干事，对本公约提出修订建议。总干事应将此通知转发给所有缔约国。如在通知发出之日起六个月之内，至少有一半的缔约国回复赞成此要求，总干事应将此建议提交下一届大会讨论，决定是否通过。

二、对本公约的修订须经出席并参加表决的缔约国三分之二多数票通过。

三、对本公约的修订一旦通过，应提交缔约国批准、接受、核准或加入。

四、对于那些已批准、接受、赞同或加入修订的缔约国来说，本公约的修订在三分之二的缔约国交存本条第三款所提及的文书之日起三个月之后生效。此后，对任何批准、接受、赞同或加入修订的缔约国来说，在其交存批准书、接受书、赞同书或加入书之日起三个月之后，本公约的修订即生效。

五、第三款和第四款所确定的程序对有关委员会委员国数目的第五条的修订不适用。此类修订一经通过即生效。

六、在修订依照本条第四款的规定生效之后成为本公约缔约国的国家如无表示异议，应：

（一）被视为修订的本公约的缔约方；

（二）但在与不受这些修订约束的任何缔约国的关系中，仍被视为未经修订之公约的缔约方。

第三十九条：有效文本

本公约用英文、阿拉伯文、中文、西班牙文、法文和俄文拟定，六种文本具有同等效力。

第四十条：备案

根据《联合国宪章》第一百零二条的规定，本公约应按教科文组织总干事的要求交联合国秘书处备案。

保护和促进文化表现形式多样性公约

序言

联合国教育、科学及文化组织大会于2005年10月3日至21日在巴黎举行第三十三届会议。

（一）确认文化多样性是人类的一项基本特性；

（二）认识到文化多样性是人类的共同遗产，应当为了全人类的利益对其加以珍爱和维护；

（三）意识到文化多样性创造了一个多姿多彩的世界，它使人类有了更多的选择，得以提高自己的能力和形成价值观，并因此成为各社区、各民族和各国可持续发展的一股主要推动力；

（四）忆及在民主、宽容、社会公正以及各民族和各文化间相互尊重的环境中繁荣发展起来的文化多样性对于地方、国家和国际层面的和平与安全是不可或缺的；

（五）颂扬文化多样性对充分实现《世界人权宣言》和其他公认的文书主张的人权和基本自由所具有的重要意义；

（六）强调需要把文化作为一个战略要素纳入国家和国际发展政策，以及国际发展合作之中，同时也要考虑特别强调消除贫困的《联合国千年宣言》（2000年）；

（七）考虑到文化在不同时间和空间具有多样形式，这种多样性体现为人类各民族和各社会文化特征和文化表现形式的独特性和多元性；

（八）承认作为非物质和物质财富来源的传统知识的重要性，特别是原住民知识体系的重要性，其对可持续发展的积极贡献，及其得到充分保护和促进的需要；

（九）认识到需要采取措施保护文化表现形式连同其内容的多样性，特别是当文化表现形式有可能遭到灭绝或受到严重损害时；

（十）强调文化对社会凝聚力的重要性，尤其是对提高妇女的社会地位、发挥其社会作用所具有的潜在影响力；

（十一）意识到文化多样性通过思想的自由交流得到加强，通过文化间的不断交流和互动得到滋养；

（十二）重申思想、表达和信息自由以及传媒多样性使各种文化表现形式得以在社会中繁荣发展；

（十三）认识到文化表现形式，包括传统文化表现形式的多样性，是个人和各民族能够表达并同他人分享自己的思想和价值观的重要因素；

（十四）忆及语言多样性是文化多样性的基本要素之一，并重申教育在保护和促进文化表现形式中发挥着重要作用；

（十五）考虑到文化活力的重要性，包括对少数民族和原住民人群中的个体的重要性，这种重要的活力体现为创造、传播、销售及获取其传统文化表现形式的自由，以有益于他们自身的发展；

（十六）强调文化互动和文化创造力对滋养和革新文化表现形式所发挥的关键作用，它们也会增强那些为社会整体进步而参与文化发展的人们所发挥的作用；

（十七）认识到知识产权对支持文化创造的参与者具有重要意义；

（十八）确信传递着文化特征、价值观和意义的文化活动、产品与服务具有经济和文化双重性质，故不应视为仅具商业价值；

（十九）注意到信息和传播技术飞速发展所推动的全球化进程为加强各种文化互动创造了前所未有的条件，但同时也对文化多样性构成挑战，尤其是可能在富国与穷国之间造成种种失衡；

（二十）意识到联合国教科文组织肩负的特殊使命，即确保对文化多样性的尊重以及建议签订有助于推动通过语言和图像进行自由思想交流的各种国际协定；

（二十一）根据联合国教科文组织通过的有关文化多样性和行使文化权利的各种国际文书的条款，特别是2001年通过的《世界文化多样性宣言》，于2005年10月20日通过本公约。

第一章　目标与指导原则

第一条　目标

本公约的目标是：

（一）保护和促进文化表现形式的多样性；

（二）以互利的方式为各种文化的繁荣发展和自由互动创造条件；

（三）鼓励不同文化间的对话，以保证世界上的文化交流更广泛和均衡，促进不同文化间的相互尊重与和平文化建设；

（四）加强文化间性，本着在各民族间架设桥梁的精神开展文化互动；

（五）促进地方、国家和国际层面对文化表现形式多样性的尊重，并提高对其价值的认识；

（六）确认文化与发展之间的联系对所有国家，特别是对发展中国家的重要性，并支持为确保承认这种联系的真正价值而在国内和国际采取行动；

（七）承认文化活动、产品与服务具有传递文化特征、价值观和意义的特殊性；

（八）重申各国拥有在其领土上维持、采取和实施他们认为合适的保护和促进文化表现形式多样性的政策和措施的主权；

（九）本着伙伴精神，加强国际合作与团结，特别是要提高发展中国家保护和促进文化表现形式多样性的能力。

第二条　指导原则

一、尊重人权和基本自由原则

只有确保人权，以及表达、信息和交流等基本自由，并确保个人可以选择文化表现形式，才能保护和促进文化多样性。任何人都不得援引本公约的规定侵犯《世界人权宣言》规定的或受到国际法保障的人权和基本自由或限制其适用范围。

二、主权原则

根据《联合国宪章》和国际法原则，各国拥有在其境内采取保护和促进文化表现形式多样性措施和政策的主权。

三、所有文化同等尊严和尊重原则

保护与促进文化表现形式多样性的前提是承认所有文化，包括少数民族和原住民的文化在内，具有同等尊严，并应受到同等尊重。

四、国际团结与合作原则

国际合作与团结的目的应当是使各个国家，尤其是发展中国家都有能力在地方、国家和国际层面上创建和加强其文化表现手段，包括其新兴的或成熟的文化产业。

五、经济和文化发展互补原则

文化是发展的主要推动力之一，所以文化的发展与经济的发展同样重要，且所有个人和民族都有权参与两者的发展并从中获益。

六、可持续发展原则

文化多样性是个人和社会的一种财富。保护、促进和维护文化多样性是当代人及其后代的可持续发展的一项基本要求。

七、平等享有原则

平等享有全世界丰富多样的文化表现形式，所有文化享有各种表现形式和传播手段，是增进文化多样性和促进相互理解的要素。

八、开放和平衡原则

在采取措施维护文化表现形式多样性时，各国应寻求以适当的方式促进向世界其他文化开放，并确保这些措施符合本公约的目标。

第二章　适用范围

第三条　公约的适用范围

本公约适用于缔约方采取的有关保护和促进文化表现形式多样性的政策和措施。

第三章　定义

第四条　定义

在本公约中，应作如下理解：

（一）文化多样性

"文化多样性"指各群体和社会借以表现其文化的多种不同形式。这些表现形式在他们内部及其间传承。

文化多样性不仅体现在人类文化遗产通过丰富多彩的文化表现形式来表达、弘扬和传承的多种方式，也体现在借助各种方式和技术进行的艺术创造、生产、传播、销售和消费的多种方式。

（二）文化内容

"文化内容"指源于文化特征或表现文化特征的象征意义、艺术特色和文化价值。

（三）文化表现形式

"文化表现形式"指个人、群体和社会创造的具有文化内容的表现形式。

（四）文化活动、产品与服务

"文化活动、产品与服务"是指从其具有的特殊属性、用途或目的考虑时，体现或传达文化表现形式的活动、产品与服务，无论他们是否具有商业价值。文化活动可能以自身为目的，也可能是为文化产品与服务的生产提供帮助。

（五）文化产业

"文化产业"指生产和销售上述第（四）项所述的文化产品或服务的产业。

（六）文化政策和措施

"文化政策和措施"指地方、国家、区域或国际层面上针对文化本身或为了对个人、群体或社会的文化表现形式产生直接影响的各项政策和措施，包括与创作、生产、传播、销售和享有文化活动、产品与服务相关的政策和措施。

（七）保护

名词"保护"意指为保存、卫护和加强文化表现形式多样性而采取措施。

动词"保护"意指采取这类措施。

（八）文化间性

"文化间性"指不同文化的存在与平等互动，以及通过对话和相互尊重产生共同文化表现形式的可能性。

第四章　缔约方的权利和义务

第五条　权利和义务的一般规则

一、缔约方根据《联合国宪章》、国际法原则及国际公认的人权文书，重申拥有为实现本公约的宗旨而制定和实施其文化政策、采取措施以保护和促进文化表现形式多样性及加强国际合作的主权。

二、当缔约方在其境内实施政策和采取措施以保护和促进文化表现形式的多样性时，这些政策和措施应与本公约的规定相符。

第六条　缔约方在本国的权利

一、各缔约方可在第四条第（六）项所定义的文化政策和措施范围内，根据自身的特殊情况和需求，在其境内采取措施保护和促进文化表现形式的多样性。

二、这类措施可包括：

（一）为了保护和促进文化表现形式的多样性所采取的管理性措施；

（二）以适当方式在本国境内的所有文化活动、产品与服务中为本国的文化活动、产品与服务提供创作、生产、传播、销售和享有的机会的措施，包括规定上述活动、产品与服务所使用的语言；

（三）为国内独立的文化产业和非正规产业部门活动能有效获取生产、传播和销售文化活动、产品与服务的手段采取的措施；

（四）提供公共财政资助的措施；

（五）鼓励非营利组织以及公共和私人机构、艺术家及其他文化专业人员发展和促进思想、文化表现形式、文化活动、产品与服务的自由交流和流通，以及在这些活动中激励创新精神和积极进取精神的措施；

（六）建立并适当支持公共机构的措施；

（七）培育并支持参与文化表现形式创作活动的艺术家和其他人员的措施；

（八）旨在加强媒体多样性的措施，包括运用公共广播服务。

第七条　促进文化表现形式的措施

一、缔约方应努力在其境内创造环境，鼓励个人和社会群体：

（一）创作、生产、传播、销售和获取他们自己的文化表现形式，同时对妇女及不同社会群体，包括少数民族和原住民的特殊情况和需求给予应有的重视；

（二）获取本国境内及世界其他国家的各种不同的文化表现形式。

二、缔约方还应努力承认艺术家、参与创作活动的其他人员、文化界以及支持他们工作的有关组织的重要贡献，以及他们在培育文化表现形式多样性方面的核心作用。

第八条　保护文化表现形式的措施

一、在不影响第五条和第六条规定的前提下，缔约一方可以确定其领土上哪些文化表现形式属于面临消亡危险、受到严重威胁，或是需要紧急保护的情况。

二、缔约方可通过与本公约的规定相符的方式，采取一切恰当的措施保护处于第一款所述情况下的文化表现形式。

三、缔约方应向政府间委员会报告为应对这类紧急情况所采取的所有措施，该委员会则可以对此提出合适的建议。

第九条　信息共享和透明度

缔约方应：

（一）在向联合国教科文组织四年一度的报告中，提供其在本国境内和国际层面为保护和促进文化表现形式多样性所采取的措施的适当信息；

（二）指定一处联络点，负责共享有关本公约的信息；

（三）共享和交流有关保护和促进文化表现形式多样性的信息。

第十条　教育和公众认知

缔约方应：

（一）鼓励和提高对保护和促进文化表现形式多样性重要意义的理解，尤其是通过教育和提高公众认知的计划；

（二）为实现本条的宗旨与其他缔约方和相关国际组织及地区组织开展合作；

（三）通过制定文化产业方面的教育、培训和交流计划，致力于鼓励创作和提高生产能力，但所采取的措施不能对传统生产形式产生负面影响。

第十一条　公民社会的参与

缔约方承认公民社会在保护和促进文化表现形式多样性方面的重要作用。缔约方应鼓励公民社会积极参与其为实现本公约各项目标所作的努力。

第十二条　促进国际合作

缔约方应致力于加强双边、区域和国际合作，创造有利于促进文化表现形式多样性的条件，同时特别考虑第八条和第十七条所述情况，以便着重：

（一）促进缔约方之间开展文化政策和措施的对话；

（二）通过开展专业和国际文化交流及有关成功经验的交流，增强公共文化部门战略管理能力；

（三）加强与公民社会、非政府组织和私人部门及其内部的伙伴关系，以鼓励和促进文化表现形式的多样性；

（四）提倡应用新技术，鼓励发展伙伴关系以加强信息共享和文化理解，促进文化表现形式的多样性；

（五）鼓励缔结共同生产和共同销售的协定。

第十三条　将文化纳入可持续发展

缔约方应致力于将文化纳入其各级发展政策，创造有利于可持续发展的条件，并在此框架内完善与保护和促进文化表现形式多样性相关的各个环节。

第十四条　为发展而合作

缔约方应致力于支持为促进可持续发展和减轻贫困而开展合作，尤其要关注发展中国家的特殊需要，主要通过以下途径来推动形成富有活力的文化部门：

（一）通过以下方式加强发展中国家的文化产业：

1.建立和加强发展中国家文化生产和销售能力；

2.推动其文化活动、产品与服务更多地进入全球市场和国际销售网络；

3.促使形成有活力的地方市场和区域市场；

4.尽可能在发达国家采取适当措施，为发展中国家的文化活动、产品与服务进入这些国家提供方便；

5.尽可能支持发展中国家艺术家的创作，促进他们的流动；

6.鼓励发达国家与发展中国家之间开展适当的协作，特别是在音乐和电影领域。

（二）通过在发展中国家开展信息、经验和专业知识交流以及人力资源培训，加强公共和私人部门的能力建设，尤其是在战略管理能力、政策制定和实施、文化表现形式的促进和推广、中小企业和微型企业的发展、技术的应用及技能开发与转让等方面。

（三）通过采取适当的鼓励措施来推动技术和专门知识的转让，尤其是在文化产业和文化企业领域。

（四）通过以下方式提供财政支持：

1.根据第十八条的规定设立文化多样性国际基金；

2.提供官方发展援助，必要时包括提供技术援助，以激励和支持创作；

3.提供其他形式的财政援助，比如提供低息贷款、赠款以及其他资金机制。

第十五条　协作安排

缔约方应鼓励在公共、私人部门和非营利组织之间及其内部发展伙伴关系，以便与发展中国家合作，增强他们在保护和促进文化表现形式多样性方面的能力。这类新型伙伴关系应根据发展中国家的实际需求，注重基础设施建设、人力资源开发和政策制定，以及文化活动、产品与服务的交流。

第十六条　对发展中国家的优惠待遇

发达国家应通过适当的机构和法律框架，为发展中国家的艺术家和其他文化专业人员及从业人员，以及那里的文化产品和文化服务提供优惠待遇，促进与这些国家的文化交流。

第十七条　在文化表现形式受到严重威胁情况下的国际合作

在第八条所述情况下，缔约方应开展合作，相互提供援助，特别要援助发展中国家。

第十八条　文化多样性国际基金

一、兹建立"文化多样性国际基金"（以下简称基金）。

二、根据教科文组织《财务条例》，此项基金为信托基金。

三、基金的资金来源为：

（一）缔约方的自愿捐款；

（二）教科文组织大会为此划拨的资金；

（三）其他国家、联合国系统组织和计划署、其他地区和国际组织、公共和私人部门以及个人的捐款、赠款和遗赠；

（四）基金产生的利息；

（五）为基金组织募捐或其他活动的收入；

（六）基金条例许可的所有其他资金来源。

四、政府间委员会应根据缔约方大会确定的指导方针决定基金资金的使用。

五、对已获政府间委员会批准的具体项目，政府间委员会可以接受为实现这些项目的整体目标或具体目标而提供的捐款及其他形式的援助。

六、捐赠不得附带任何与本公约目标不相符的政治、经济或其他条件。

七、缔约方应努力定期为实施本公约提供自愿捐款。

第十九条　信息交流、分析和传播

一、缔约方同意，就有关文化表现形式多样性以及对其保护和促进方面的先进经验的数据收集和统计，开展信息交流和共享专业知识。

二、教科文组织应利用秘书处现有的机制，促进各种相关的信息、统计数据和先进经验的收集、分析和传播。

三、教科文组织还应建立一个文化表现形式领域内各类部门和政府组织、私人及非营利组织的数据库，并更新其内容。

四、为了便于收集数据，教科文组织应特别重视申请援助的缔约方的能力建设和专业知识积累。

五、本条涉及的信息收集应作为第九条规定的信息收集的补充。

第五章　与其他法律文书的关系

第二十条　与其他条约的关系：相互支持，互为补充和不隶属

一、缔约方承认，他们应善意履行其在本公约及其为缔约方的其他所有条约中的义务。因此，在本公约不隶属于其他条约的情况下：

（一）缔约方应促使本公约与其为缔约方的其他条约相互支持；

（二）缔约方解释和实施其为缔约方的其他条约或承担其他国际义务时应考虑到本公约的相关规定。

二、本公约的任何规定不得解释为变更缔约方在其为缔约方的其他条约中的权利和义务。

第二十一条　国际磋商与协调

缔约方承诺在其他国际场合倡导本公约的宗旨和原则。为此，缔约方在需要时应进行相互磋商，并牢记这些目标与原则。

第六章　公约的机构

第二十二条　缔约方大会

一、应设立一个缔约方大会。缔约方大会应为本公约的全会和最高权力机构。

二、缔约方大会每两年举行一次，尽可能与联合国教科文组织大会同期举行。缔约方大会作出决定，或政府间委员会收到至少三分之一缔约方的请求，缔约方大会可召开特别会议。

三、缔约方大会应通过自己的议事规则。

四、缔约方大会的职能应主要包括以下方面：

（一）选举政府间委员会的成员；

（二）接受并审议由政府间委员会转交的缔约方报告；

（三）核准政府间委员会根据缔约方大会的要求拟订的操作指南；

（四）采取其认为有必要的其他措施来推进本公约的目标。

第二十三条　政府间委员会

一、应在联合国教科文组织内设立"保护与促进文化表现形式多样性政府间委员会"（以下简称政府间委员会）。政府间委员会由缔约方大会在本公约根据其第二十九条规定生效后选出的18个本公约缔约国的代表组成，任期四年。

二、政府间委员会每年举行一次会议。

三、政府间委员会根据缔约方大会的授权和在其指导下运作并向其负责。

四、一旦公约缔约方数目达到50个，政府间委员会的成员应增至24名。

五、政府间委员会成员的选举应遵循公平的地理代表性以及轮换的原则。

六、在不影响本公约赋予它的其他职责的前提下，政府间委员会的职责如下：

（一）促进本公约目标，鼓励并监督公约的实施；

（二）应缔约方大会要求，起草并提交缔约方大会核准履行和实施公约条款的操作指南；

（三）向缔约方大会转交公约缔约方的报告，并随附评论及报告内容概要；

（四）根据公约的有关规定，特别是第八条规定，对公约缔约方提请关注的情况提出适当的建议；

（五）建立磋商程序和其他机制，以在其他国际场合倡导本公约的目标和原则；

（六）执行缔约方大会可能要求的其他任务。

七、政府间委员会根据其议事规则，可随时邀请公共或私人组织或个人参加就具体问题举行的磋商会议。

八、政府间委员会应制定并提交缔约方大会核准自己的议事规则。

第二十四条　联合国教科文组织秘书处

一、联合国教科文组织秘书处应为本公约的有关机构提供协助。

二、秘书处编制缔约方大会和政府间委员会的文件及其会议的议程，协助实施会议的决定，并报告缔约方大会决定的实施情况。

第七章　最后条款

第二十五条　争端的解决

一、公约缔约方之间关于本公约的解释或实施产生的争端，应通过谈判寻求解决。

二、如果有关各方不能通过谈判达成一致，可共同寻求第三方斡旋或要求第三方调停。

三、如果没有进行斡旋或调停，或者协商、斡旋或调停均未能解决争端，一方可根据本公约附件所列的程序要求调解。相关各方应善意考虑调解委员会为解决争端提出的建议。

四、任何缔约方均可在批准、接受、核准或加入本公约时，声明不承认上述调解程序。任何发表这一声明的缔约方，可随时通知教科文组织总干事，宣布撤回该声明。

第二十六条　会员国批准、接受、核准或加入

一、联合国教科文组织会员国依据各自的宪法程序批准、接受、核准或加入本公约。

二、批准书、接受书、核准书或加入书应交联合国教科文组织总干事保存。

第二十七条　加入

一、所有非联合国教科文组织会员国，但为联合国或其任何一个专门机构成员的

国家，经联合国教科文组织大会邀请，均可加入本公约。

二、任何经联合国承认享有充分内部自治，并有权处理本公约范围内的事宜，包括有权就这些事宜签署协议，但按联合国大会第1514（ⅩⅤ）号决议没有完全独立的地区，也可以加入本公约。

三、对区域经济一体化组织适用如下规定：

（一）任何一个区域经济一体化组织均可加入本公约，除以下各项规定外，这类组织应以与缔约国相同的方式，完全受本公约规定的约束。

（二）如果这类组织的一个或数个成员国也是本公约的缔约国，该组织与这一或这些成员国应确定在履行本公约规定的义务上各自承担的责任。责任的分担应在完成第（三）项规定的书面通知程序后生效；该组织与成员国无权同时行使本公约规定的权利。此外，经济一体化组织在其权限范围内，行使与其参加本公约的成员国数目相同的表决权。如果其任何一个成员国行使其表决权，此类组织则不应行使表决权，反之亦然。

（三）同意按照第（二）项规定分担责任的区域经济一体化组织及其一个或数个成员国，应按以下方式将所建议的责任分担通知各缔约方：

1.该组织在加入书内，应具体声明对本公约管辖事项责任的分担；

2.在各自承担的责任变更时，该经济一体化组织应将拟议的责任变更通知保管人，保管人应将此变更通报各缔约方。

（四）已成为本公约缔约国的区域经济一体化组织的成员国在其没有明确声明或通知保管人将管辖权转给该组织的所有领域，应被推定为仍然享有管辖权。

（五）"区域经济一体化组织"，系指由作为联合国或其任何一个专门机构成员国的主权国家组成的组织，这些国家已将其在本公约所辖领域的权限转移给该组织，并且该组织已按其内部程序获得适当授权成为本公约的缔约方。

四、加入书应交存联合国教科文组织总干事处。

第二十八条　联络点

在成为本公约缔约方时，每一缔约方应指定第九条所述的联络点。

第二十九条　生效

一、本公约在第三十份批准书、接受书、核准书或加入书交存之日起的三个月后生效，但只针对在该日或该日之前交存批准书、接受书、核准书或加入书的国家或区域经济一体化组织。对其他缔约方，本公约则在其批准书、接受书、核准书或加入书交存之日起的三个月之后生效。

二、就本条而言，一个区域经济一体化组织交存的任何文书不得在该组织成员国已交存文书之外另行计算。

第三十条　联邦制或非单一立宪制

鉴于国际协定对无论采取何种立宪制度的缔约方具有同等约束力，对实行联邦制或非单一立宪制的缔约方实行下述规定：

（一）对于在联邦或中央立法机构的法律管辖下实施的本公约各项条款，联邦或中央政府的义务与非联邦国家的缔约方的义务相同；

（二）对于在构成联邦，但按照联邦立宪制无须采取立法手段的单位，如州、成员国、省或行政区的法律管辖下实施的本公约各项条款，联邦政府须将这些条款连同其关于采用这些条款的建议一并通知各个州、成员国、省或行政区等单位的主管当局。

第三十一条　退约

一、本公约各缔约方均可宣布退出本公约。

二、退约决定须以书面形式通知，有关文件交存联合国教科文组织总干事处。

三、退约在收到退约书十二个月后开始生效。退约国在退约生效之前的财政义务不受任何影响。

第三十二条　保管职责

联合国教科文组织总干事作为本公约的保管人，应将第二十六条和第二十七条规定的所有批准书、接受书、核准书或加入书和第三十一条规定的退约书的交存情况通告本组织各会员国、第二十七条提到的非会员国和区域经济一体化组织以及联合国。

第三十三条　修正

一、本公约缔约方可通过给总干事的书面函件，提出对本公约的修正。总干事应将此类函件周知全体缔约方。如果通知发出的六个月内对上述要求做出积极反应的成员国不少于半数，总干事则可将公约修正建议提交下一届缔约方大会进行讨论或通过。

二、对公约的修正须经出席并参加表决的缔约方三分之二多数票通过。

三、对本公约的修正一旦获得通过，须交各缔约方批准、接受、核准或加入。

四、对于批准、接受、核准或加入修正案的缔约方来说，本公约修正案在三分之二的缔约方递交本条第三款所提及的文件之日起三个月后生效。此后，对任何批准、接受、核准或加入该公约修正案的缔约方来说，在其递交批准书、接受书、核准书或加入书之日起三个月之后，本公约修正案生效。

五、第三款及第四款所述程序不适用第二十三条所述政府间委员会成员国数目的修改。该类修改一经通过即生效。

六、在公约修正案按本条第四款生效之后加入本公约的那些第二十七条所指的国家或区域经济一体化组织，如未表示异议，则应：

（一）被视为经修正的本公约的缔约方；

（二）但在与不受修正案约束的任何缔约方的关系中，仍被视为未经修正的公约的缔约方。

第三十四条　有效文本

本公约用阿拉伯文、中文、英文、法文、俄文和西班牙文制定，六种文本具有同等效力。

第三十五条　登记

根据《联合国宪章》第一百零二条的规定，本公约将应联合国教科文组织总干事的要求交联合国秘书处登记。

附件：调解程序

第一条　调解委员会

应争议一方的请求成立调解委员会。除非各方另有约定，委员会应由5名成员组成，有关各方各指定其中2名，受指定的成员再共同选定1名主席。

第二条　委员会成员

如果争议当事方超过两方，利益一致的各方应共同协商指定代表自己的委员会成员。如果两方或更多方利益各不相同，或对是否拥有一致利益无法达成共识，则各方应分别指定代表自己的委员会成员。

第三条　成员的任命

在提出成立调解委员会请求之日起的两个月内，如果某一方未指定其委员会成员，联合国教科文组织总干事可在提出调解请求一方的要求下，在随后的两个月内做出任命。

第四条　委员会主席

如果调解委员会在最后一名成员获得任命后的两个月内未选定主席，联合国教科文组织总干事可在一方要求下，在随后的两个月内指定一位主席。

第五条　决定

调解委员会根据其成员的多数表决票做出决定。除非争议各方另有约定，委员会应确定自己的议事规则。委员会应就解决争议提出建议，争议各方应善意考虑委员会提出的建议。

第六条　分歧

对是否属于调解委员会的权限出现分歧时，由委员会作出决定。

附录二　课程思政教学“三位一体”目标体系

章	知识目标 （知识传授）	能力目标 （能力培养）	课程思政目标 （价值塑造）
第一章　纺织类非物质文化遗产法律保护概述	了解纺织类非物质文化遗产的基本情况和法律保护的重要意义	能够掌握非物质文化遗产与物质文化遗产的关系，熟悉我国纺织类非物质文化遗产赋存分类，掌握我国非物质文化遗产的法律保护体系	通过纺织类非物质文化遗产赋存情况介绍，让学生感受中国传统文化的博大精深，领略中国纺织类非物质文化遗产的独特魅力，增强民族自信和文化认同。同时培养学生的非物质文化遗产法律保护意识
第二章　非物质文化遗产法律保护的国际立法与实践经验	了解国际上对非物质文化遗产保护的法律规定，以及部分国家非物质文化遗产法律保护方面的经验	能够掌握国际非物质文化遗产保护的基本法律原则和具体法律制度，培养学生运用国际法律法规维护国家利益的理念和能力	明确我国对国际法相关原则、规则和制度的立场与态度，潜移默化地培养学生对中国价值观念和国家利益的认同，以及自觉维护的意识，同时深入理解人类命运共同体的价值目标
第三章　我国纺织类非物质文化遗产的行政法保护	了解我国纺织类非物质文化遗产行政法保护立法情况	能够掌握我国非物质文化遗产行政法保护相关法律规定，能够用行政法相关知识分析解决纺织类非物质文化遗产相关法律问题	引导学生理解我国行政法律规范在维护社会秩序方面的重要价值，增强学生对全面依法治国、建设社会主义法治国家的理解与拥护，引导学生结合专业思考纺织类非物质文化遗产传承与保护过程中行政法保护的重要意义，提升学生的法律意识和法治素养
第四章　我国纺织类非物质文化遗产的知识产权法保护	了解我国纺织类非物质文化遗产知识产权法保护的相关立法情况	能够掌握我国非物质文化遗产知识产权法保护相关法律规定，能够用知识产权法相关知识分析解决纺织类非物质文化遗产相关法律问题	增强学生对中国知识产权文化的认同度。让学生了解我国知识产权法治的发展情况，引导学生用科学的原理和方法分析问题，在尊重事实和证据的基础上解决问题，提升学生的法律意识和法治素养
第五章　我国纺织类非物质文化遗产的刑法保护	了解我国纺织类非物质文化遗产刑法保护的相关立法情况	能够掌握我国非物质文化遗产刑法保护相关法律规定，能够用刑法相关知识分析解决纺织类非物质文化遗产相关法律问题	引导学生认识刑法保障公民基本权利、反对特权的基本立场，体会刑法与自由、平等、公正、法治等社会主义核心价值观具有内在一致性。引导学生用科学的原理和方法分析问题，在尊重事实和证据的基础上解决问题，提升学生的法律意识和法治素养